大方廣佛華嚴經第六十六卷 變相

二十九之七

大方廣佛華嚴經

일러두기

1. 『대방광불화엄경 강설』 원문原文의 저본底本은 근세에 교정이 가장 잘 되었다고 정평이 나 있는 대만臺灣의 불타교육기금회佛陀敎育基金會에서 출판한 『화엄경소초華嚴經疏鈔』본입니다.

2. 『대방광불화엄경 강설』은 실차난타實叉難陀가 695년부터 699년까지 4년에 걸쳐 번역해 낸 80권본卷本 『대방광불화엄경』을 우리말로 옮기고 강설을 붙인 것입니다.

3. 『대방광불화엄경』은 애초 산스크리트에서 한역漢譯된 경전이지만 현재 산스크리트본은 소실된 상태입니다. 산스크리트를 음차한 경우 굳이 원래 소리를 표기하려고 하기보다는 『표준국어대사전』이나 『불교사전』 등에 등재된 한자음을 사용하는 것을 원칙으로 하였습니다.

4. 경문의 한글 번역은 동국역경원본을 참고하여 그대로 또는 첨삭을 하며 의미대로 번역하고 다듬었습니다.

5. 각 품마다 내용에 따라 단락을 나누고 제목을 달았습니다. 단락의 제목은 주로 청량淸凉스님의 견해에 기초하였고 이통현李通玄장자의 견해를 참고로 하였습니다.

6. 『대방광불화엄경 강설』의 발행 순서는 한역 경전의 편재 순서를 기준으로 하였고 각 권은 단행본 한 권씩으로 출간될 예정이며 모두 80권으로 완간됩니다. 다만 80권본에 빠져 있는 「보현행원품」은 80권본 완역 및 강설 후 시리즈에 포함돼 추가될 예정입니다.

7. 『대방광불화엄경 강설』 안에서 불교용어를 풀이한 것은 운허스님이 저술하고 동국역경원에서 편찬한 『불교사전』을 인용하였습니다.

8. 각주의 청량스님의 소疏는 대만에서 입력한 大方廣佛華嚴經 사이트의 것을 사용하였습니다.

9. 『대방광불화엄경 강설』 입법계품에 들어가는 문수지남도는 북송北宋시대 불국佛國선사가 선재동자가 53명의 선지식을 친견하여 법을 구하는 장면을 하나하나 그림으로 그린 것입니다.

대방광불화엄경 강설
제 66 권

三十九. 입법계품入法界品 7

실차난타實叉難陀 한역
무비스님 강설

서문

저 모든 보살마하살은 높은 일산이 되나니,
자비한 마음으로 모든 중생을 두루 그늘 지어
덮어 주는 연고입니다.
저 모든 보살마하살은 행을 닦음[修行]이 되나니,
하품과 중품과 상품의 행을 평등하게 행하는 연고입니다.
저 모든 보살마하살은 큰 땅덩이가 되나니,
능히 자비한 마음으로
일체 모든 중생을 맡아 지니는 연고입니다.
저 모든 보살마하살은 보름달이 되나니,
복덕의 광명이 세간에 평등하게 나타나는 연고입니다.
저 모든 보살마하살은 청정한 해가 되나니,
지혜의 빛으로 모든 알아야 할 경계를 비추는 연고입니다.

저 모든 보살마하살은 밝은 등불이 되나니,

일체 중생의 마음속 모든 어두움을 깨뜨리는 연고입니다.

저 모든 보살마하살은 물을 맑히는 구슬[水淸珠]이 되나니,

일체 중생의 마음 가운데

속이고 아첨하는 혼탁함을 맑히는 연고입니다.

저 모든 보살마하살은 여의주가 되나니,

일체 중생의 소원을 다 만족하게 하는 연고입니다.

저 모든 보살마하살은 큰 바람이 되나니,

중생들로 하여금 빨리 삼매를 닦아서

일체 지혜의 큰 성중城中에 들어가게 하는 연고입니다.

2017년 8월 1일

신라 화엄종찰 금정산 범어사

如天 無比

대방광불화엄경 목차

제1권	1. 세주묘엄품世主妙嚴品 [1]		제18권	18. 명법품明法品
제2권	1. 세주묘엄품世主妙嚴品 [2]		제19권	19. 승야마천궁품昇夜摩天宮品
제3권	1. 세주묘엄품世主妙嚴品 [3]			20. 야마천궁게찬품夜摩天宮偈讚品
제4권	1. 세주묘엄품世主妙嚴品 [4]			21. 십행품十行品 [1]
제5권	1. 세주묘엄품世主妙嚴品 [5]		제20권	21. 십행품十行品 [2]
제6권	2. 여래현상품如來現相品		제21권	22. 십무진장품十無盡藏品
제7권	3. 보현삼매품普賢三昧品		제22권	23. 승도솔천궁품昇兜率天宮品
	4. 세계성취품世界成就品		제23권	24. 도솔궁중게찬품兜率宮中偈讚品
제8권	5. 화장세계품華藏世界品 [1]			25. 십회향품十廻向品 [1]
제9권	5. 화장세계품華藏世界品 [2]		제24권	25. 십회향품十廻向品 [2]
제10권	5. 화장세계품華藏世界品 [3]		제25권	25. 십회향품十廻向品 [3]
제11권	6. 비로자나품毘盧遮那品		제26권	25. 십회향품十廻向品 [4]
제12권	7. 여래명호품如來名號品		제27권	25. 십회향품十廻向品 [5]
	8. 사성제품四聖諦品		제28권	25. 십회향품十廻向品 [6]
제13권	9. 광명각품光明覺品		제29권	25. 십회향품十廻向品 [7]
	10. 보살문명품菩薩問明品		제30권	25. 십회향품十廻向品 [8]
제14권	11. 정행품淨行品		제31권	25. 십회향품十廻向品 [9]
	12. 현수품賢首品 [1]		제32권	25. 십회향품十廻向品 [10]
제15권	12. 현수품賢首品 [2]		제33권	25. 십회향품十廻向品 [11]
제16권	13. 승수미산정품昇須彌山頂品		제34권	26. 십지품十地品 [1]
	14. 수미정상게찬품須彌頂上偈讚品		제35권	26. 십지품十地品 [2]
	15. 십주품十住品		제36권	26. 십지품十地品 [3]
제17권	16. 범행품梵行品		제37권	26. 십지품十地品 [4]
	17. 초발심공덕품初發心功德品		제38권	26. 십지품十地品 [5]

제39권	26. 십지품+地品 [6]		제58권	38. 이세간품離世間品 [6]
제40권	27. 십정품+定品 [1]		제59권	38. 이세간품離世間品 [7]
제41권	27. 십정품+定品 [2]		제60권	39. 입법계품入法界品 [1]
제42권	27. 십정품+定品 [3]		제61권	39. 입법계품入法界品 [2]
제43권	27. 십정품+定品 [4]		제62권	39. 입법계품入法界品 [3]
제44권	28. 십통품+通品		제63권	39. 입법계품入法界品 [4]
	29. 십인품+忍品		제64권	39. 입법계품入法界品 [5]
제45권	30. 아승지품阿僧祇品		제65권	39. 입법계품入法界品 [6]
	31. 여래수량품如來壽量品		**제66권**	**39. 입법계품入法界品 [7]**
	32. 보살주처품菩薩住處品		제67권	39. 입법계품入法界品 [8]
제46권	33. 불부사의법품佛不思議法品 [1]		제68권	39. 입법계품入法界品 [9]
제47권	33. 불부사의법품佛不思議法品 [2]		제69권	39. 입법계품入法界品 [10]
제48권	34. 여래십신상해품如來十身相海品		제70권	39. 입법계품入法界品 [11]
	35. 여래수호광명공덕품 如來隨好光明功德品		제71권	39. 입법계품入法界品 [12]
			제72권	39. 입법계품入法界品 [13]
제49권	36. 보현행품普賢行品		제73권	39. 입법계품入法界品 [14]
제50권	37. 여래출현품如來出現品 [1]		제74권	39. 입법계품入法界品 [15]
제51권	37. 여래출현품如來出現品 [2]		제75권	39. 입법계품入法界品 [16]
제52권	37. 여래출현품如來出現品 [3]		제76권	39. 입법계품入法界品 [17]
제53권	38. 이세간품離世間品 [1]		제77권	39. 입법계품入法界品 [18]
제54권	38. 이세간품離世間品 [2]		제78권	39. 입법계품入法界品 [19]
제55권	38. 이세간품離世間品 [3]		제79권	39. 입법계품入法界品 [20]
제56권	38. 이세간품離世間品 [4]		제80권	39. 입법계품入法界品 [21]
제57권	38. 이세간품離世間品 [5]		제81권	40. 보현행원품普賢行願品

대방광불화엄경 강설 제66권

三十九. 입법계품入法界品 7

【 지말법회의 53선지식 】

【 십행위 선지식 】

16. 법보계장자 ··15
   1) 법보계장자를 뵙고 법을 묻다 ····················15
   2) 법보계장자가 법을 설하다 ························18
      (1) 법보계장자가 머무는 곳을 보이다 ··········18
      (2) 10층의 집으로 열 가지 법을 보이다 ········20
      (3) 문답으로 수승한 과보의 원인을 밝히다 ·····31
   3) 자기는 겸손하고 다른 이의 수승함을 추천하다 ·····34
   4) 다음 선지식 찾기를 권유하다 ····················36

17. 보안장자 …………………………………………………39

1) 보안장자를 뵙고 법을 묻다 …………………………………39
   (1) 가르침에 의지하여 선지식을 찾다 …………………39
   (2) 공경을 나타내고 법을 묻다 …………………………42
2) 보안장자가 법을 설하다 ……………………………………43
   (1) 몸의 병을 다스리다 …………………………………43
   (2) 마음의 병을 다스리다 ………………………………46
   (3) 향을 만들어 공양하다 ………………………………53
3) 자기는 겸손하고 다른 이의 수승함을 추천하다 …………58
4) 다음 선지식 찾기를 권유하다 ………………………………60

18. 무염족왕 …………………………………………………63

1) 무염족왕을 뵙고 법을 묻다 …………………………………63
   (1) 선지식의 가르침을 생각하여 이익을 이루다 ………63
   (2) 무염족왕의 교화 방편 ………………………………65
   (3) 선재동자가 무염족왕을 보고 의심하다 ……………73
   (4) 천신이 깨우치는 말을 하다 …………………………75
   (5) 보살의 행을 묻다 ……………………………………77
2) 무염족왕이 법을 설하다 ……………………………………79
   (1) 궁전의 훌륭함을 보이다 ……………………………79

(2) 방편으로 역행을 보이다 ·········· 81
3) 자기는 겸손하고 다른 이의 수승함을 추천하다 ·········· 87
4) 다음 선지식 찾기를 권유하다 ·········· 89

19. 대광왕 ·········· 91

1) 대광왕을 뵙고 법을 묻다 ·········· 91
　(1) 들은 법을 생각하며 선지식을 찾다 ·········· 91
　(2) 묘광성의 장엄 ·········· 96
　(3) 대광왕의 의보의 공덕 ·········· 103
　(4) 대광왕의 보시행 ·········· 115
　(5) 대광왕에게 보살의 행을 묻다 ·········· 121
2) 대광왕이 법을 설하다 ·········· 122
　(1) 보살의 대자대비의 행을 닦다 ·········· 122
　(2) 보시를 행하다 ·········· 129
　(3) 근기를 따라 두루 섭수하다 ·········· 131
　(4) 삼매로써 섭수하다 ·········· 135
　(5) 대광왕이 삼매에 들다 ·········· 138
　(6) 모든 천왕이 공양을 올리다 ·········· 142
3) 자기는 겸손하고 다른 이의 수승함을 추천하다 ·········· 148
4) 다음 선지식 찾기를 권유하다 ·········· 153

20. 부동우바이 …………………………………155

1) 부동우바이를 뵙고 법을 묻다 …………………………155

(1) 앞에서 들은 법문을 생각하다 …………………………155

(2) 선지식의 은혜를 생각하다 …………………………160

(3) 여래의 사천이 허공에서 말하다 …………………………161

(4) 부동우바이 집의 광명 공덕 …………………………164

(5) 부동우바이의 용모 …………………………168

(6) 선재동자가 환희하여 게송으로 찬탄하다 …………………………171

(7) 보살의 행을 묻다 …………………………174

2) 부동우바이가 법을 설하다 …………………………175

(1) 자신이 얻은 법을 밝히다 …………………………175

(2) 선재동자가 법을 묻다 …………………………177

(3) 법을 얻은 인연을 밝히다 …………………………179

　1〉 지난 세상에서 부처님을 친견하다 …………………………179

　2〉 속으로 생각을 일으키다 …………………………181

　3〉 부처님이 열 가지 마음 내기를 권하다 …………………………183

　4〉 권유를 듣고 열 가지를 구할 마음을 내다 …………………………185

　5〉 오랜 겁 동안 한 가지도 위배하지 아니하다 …………………………187

(4) 마음을 발하여 수승한 이익을 얻다 …………………………198

(5) 삼매에 들어 자재한 신통을 나타내 보이다 …………………………200

3) 자기는 겸손하고 다른 이의 수승함을 추천하다 ···············204
4) 다음 선지식 찾기를 권유하다 ·································209

대방광불화엄경 강설

제66권

三十九. 입법계품 7

문수지남도 제16, 선재동자가 법보계장자를 친견하다.

16. 법보계장자 法寶髻長者
제5 이치란행離癡亂行 선지식

1) 법보계장자를 뵙고 법을 묻다

爾時_에 善財童子_가 於明智居士所_에 聞此解脫
已_{하고} 遊彼福德海_{하며} 治彼福德田_{하며} 仰彼福德
山_{하며} 趣彼福德津_{하며} 開彼福德藏_{하며} 觀彼福德
法_{하며} 淨彼福德輪_{하며} 味彼福德聚_{하며} 生彼福德
力_{하며} 增彼福德勢_{하고} 漸次而行_{하니라}

그때에 선재동자가 명지거사에게 이 해탈문을 듣고

저 복덕의 바다에서 헤엄치고, 복덕의 밭을 다스리고, 복덕의 산을 우러러보고, 복덕의 나루에 나아가고, 복덕의 창고를 열고, 복덕의 법을 보고, 복덕의 바퀴를 깨끗이 하고, 복덕의 덩이를 맛보고, 복덕의 힘을 내고, 복덕의 세력을 늘리면서 점점 나아갔습니다.

선재동자가 앞의 명지거사에게서 해탈문에 대해서 법문을 듣고는 저 복덕의 바다에서 헤엄치고, 복덕의 밭을 다스리고, 복덕의 산을 우러러보고, 복덕의 나루에 나아가는 등 복덕을 원만히 하였음을 낱낱이 밝혔다. 지혜를 갖추고 다시 복덕을 성취하는 일이 곧 불법의 완성이다. 부처님을 두 가지가 만족한 분이라고 표현하는 것도 곧 지혜와 복덕을 말한다. 지혜가 아무리 뛰어나더라도 복덕이 갖춰지지 않는다면 그 지혜가 큰 힘을 발휘하지 못하기 때문이다.

向獅子城하야 周徧推求寶髻長者라가 見此長者

재어시중   거즉왕예   정례기족   요무
在於市中하고 遽卽往詣하야 頂禮其足하며 繞無

수잡   합장이립   백언
數帀하며 合掌而立하야 白言호대

사자성을 향하여 법보계장자를 두루 찾다가 그 장자가 시장 가운데 있음을 보고 곧 나아가 발에 엎드려 절하고 수없이 돌고 합장하고 서서 말하였습니다.

성자   아 이 선 발 아 뇩 다 라 삼 먁 삼 보 리 심
聖者여 我已先發阿耨多羅三藐三菩提心호니

이미지보살   운하학보살행   운하수보살도
而未知菩薩이 云何學菩薩行이며 云何修菩薩道

      선재성자   원위아설제보살도   아승
리잇고 善哉聖者여 願爲我說諸菩薩道하소서 我乘

차도   취일체지
此道하야 趣一切智호리이다

"거룩하신 이여, 저는 이미 아뇩다라삼먁삼보리심을 내었습니다. 그러나 보살이 어떻게 보살의 행을 배우며 어떻게 보살의 도를 닦는지를 알지 못합니다. 훌륭하고

거룩하신 이여, 원컨대 저에게 모든 보살의 도를 말씀하여 주십시오. 저는 그 도를 의지하여 일체 지혜에 나아가려 합니다."

선재동자는 복덕과 지혜가 훌륭하게 갖춰졌으나 다시 선지식을 친견하여 법을 묻는다. 선재동자가 묻는 법이란 언제나 그러하듯 한결같이 보살도에 대한 질문이다.

2) 법보계장자가 법을 설하다

(1) 법보계장자가 머무는 곳을 보이다

爾時_에 長者_가 執善財手_{하고} 將詣所居_{하사} 示其 舍宅_{하시고} 作如是言_{하사대} 善男子_야 且觀我家_{하라}

이때에 장자가 선재의 손을 잡고 거처하는 데로 가서 그 집을 보이면서 "선남자여, 나의 집을 보시오."라고 말하였습니다.

爾時에 善財가 見其舍宅하니 淸淨光明의 眞金所成이며 白銀爲牆하고 玻瓈爲殿하며 紺瑠璃寶로 以爲樓閣하며 硨磲妙寶로 而作其柱하며

그때에 선재동자가 그 집을 보니 청정하고 광명이 찬란하여 진금으로 되었는데 흰 은으로 담을 쌓고, 파려로 전각이 되고, 연보라색 유리 보배로 누각이 되고, 자거의 묘한 보배로 기둥이 되었으며,

百千種寶로 周徧莊嚴하며 赤珠摩尼로 爲獅子座하며 摩尼爲帳하고 眞珠爲網하야 彌覆其上하며 瑪瑙寶池에 香水盈滿하며 無量寶樹가 周徧行列하며 其宅廣博하야 十層八門이러라

백천 가지 보배로 두루 장엄하고, 적진주 마니로 사자좌를 만들었는데, 마니로 휘장이 되고 진주로 그물을 만들어 그 위를 덮었으며, 마노로 된 보배 못에는 향수가 넘치고, 한량없는 보배 나무가 줄을 지어 둘러 있으며, 그 집이 굉장히 넓어서 10층으로 여덟 문이 있었습니다.

선재동자가 법보계장자에게 보살도에 대해서 물었는데 신기하게도 장자가 살고 있는 집을 구경시킨다. 친절하게도 선재동자의 손을 잡고 자신이 거처하는 데로 데리고 가서 "선남자여, 나의 집을 보시오."라고 말하면서 10층이나 되는 집을 층마다 자세히 구경시킨다. 속된 마음으로 생각하더라도 큰 장자가 머무는 10층이나 되는 집이니 얼마나 볼 것이 많겠는가.

(2) 10층의 집으로 열 가지 법을 보이다

善財가 **入已**에 **次第觀察**하야 **見最下層**에 **施諸**

음식
飮食하며

선재동자가 들어가서 차례로 살펴보니 맨 아래층에서는 여러 가지 음식을 보시하였습니다.

법보계장자가 자신의 10층이나 되는 집을 맨 아래층에서부터 보여 주기 시작한다. 맨 아래층은 온갖 음식을 베푸는 곳이었다. 금강산도 식후경이며, 보살의 도도 식후의 도이며, 불법을 수행하는 일도 식후의 일인가.

견제이층   시세보의   견제삼층   보시일
見第二層에 **施諸寶衣**하며 **見第三層**에 **布施一**

체보장엄구   견제사층   시제채녀   병급일
切寶莊嚴具하며 **見第四層**에 **施諸婇女**와 **幷及一**

체상묘진보
切上妙珍寶하며

제2층에서는 온갖 보배 옷을 보시하고, 제3층에서는 모든 보배 장엄거리를 보시하고, 제4층에서는 여러

채녀와 아울러 모든 훌륭한 보물을 보시하였습니다.

제1층에서 음식을 배불리 먹은 뒤, 제2층에서는 옷을 갖춰 입고, 제3층에서는 온갖 장엄구로 몸을 꾸미고, 제4층에서는 수많은 채녀와 훌륭한 보물들을 갖추게 하였다. 인간으로서 갖추고 싶은 것은 모두 만족하였으니 다음 제5층에서는 무엇이 기다리고 있을까.

見第五層_에 乃至五地菩薩_이 雲集_{하야} 演說諸法_{하사} 利益世間_{하야} 成就一切陀羅尼門_과 諸三昧印_과 諸三昧行_과 智慧光明_{하며}

제5층에서는 제5지 보살들이 구름처럼 모여서 온갖 법을 연설하여 세간을 이익하게 하며, 일체 다라니문과 모든 삼매의 도장과 모든 삼매의 행과 지혜의 광명을 성취하였습니다.

제5층에서는 제5지 보살들이 구름처럼 모여서 온갖 법을 연설한다. 법의 내용은 일체 다라니문과 모든 삼매의 도장과 모든 삼매의 행과 지혜의 광명 등이다.

견제육층 유제보살 개이성취심심지혜
見第六層에 **有諸菩薩**이 **皆已成就甚深智慧**하야

어제법성 명료통달 성취광대총지삼매무
於諸法性에 **明了通達**하야 **成就廣大總持三昧無**

장애문 소행무애 부주이법 재불가설
障礙門하사 **所行無礙**하야 **不住二法**하고 **在不可說**

묘장엄도량중 이공집회 분별현시반야
妙莊嚴道場中하야 **而共集會**하야 **分別顯示般若**

바라밀문
波羅蜜門하시니

제6층에서는 모든 보살들이 매우 깊은 지혜를 다 이미 성취하여 모든 법의 성품을 분명히 통달하였고, 광대한 다라니와 삼매의 걸림이 없는 문을 성취하여 다니는 데 걸림이 없고, 두 가지 법에 머물지 아니하며, 말할 수 없이 묘하게 장엄한 도량에 있으면서 여럿이 모인

데서 반야바라밀다문을 분별하여 나타내 보였습니다.

제6층에서는 모든 보살들이 매우 깊은 지혜를 이미 다 성취하여 모든 법의 성품을 분명히 통달하여 끝내 열다섯 가지의 반야바라밀문을 나타내 보였다. 그 열다섯 가지의 반야바라밀을 낱낱이 아래에 밝혔다.

所謂寂靜藏般若波羅蜜門과 **善分別諸衆生
智般若波羅蜜門**과 **不可動轉般若波羅蜜門**과 **離
欲光明般若波羅蜜門**과 **不可降伏藏般若波羅
蜜門**과

이른바 고요한 창고 반야바라밀다문과, 모든 중생들의 지혜를 잘 분별하는 반야바라밀다문과, 흔들 수 없는 반야바라밀다문과, 욕심을 여읜 광명 반야바라밀다

문과, 항복할 수 없는 창고 반야바라밀다문과,

照衆生輪般若波羅蜜門과 海藏般若波羅蜜
門과 普眼捨得般若波羅蜜門과 入無盡藏般若
波羅蜜門과 一切方便海般若波羅蜜門과

 중생을 비추는 바퀴 반야바라밀다문과, 바다 창고 반야바라밀다문과, 넓은 눈으로 버리는 반야바라밀다문과, 무진장에 들어가는 반야바라밀다문과, 일체 방편 바다 반야바라밀다문과,

入一切世間海般若波羅蜜門과 無礙辯才般
若波羅蜜門과 隨順衆生般若波羅蜜門과 無礙

光明般若波羅蜜門과 常觀宿緣하야 而布法雲般若波羅蜜門이라 說如是等百萬阿僧祇般若波羅蜜門하며

일체 세간 바다에 들어가는 반야바라밀다문과, 걸림이 없는 변재 반야바라밀다문과, 중생을 수순하는 반야바라밀다문과, 걸림이 없는 광명 반야바라밀다문과, 과거의 인연을 항상 살피며 법의 구름을 펴는 반야바라밀다문이었습니다. 이와 같은 백만 아승지 반야바라밀다문을 말하였습니다.

제6층에서 나타내 보인 열다섯 가지 바라밀을 설하면서 이와 같은 백만 아승지 반야바라밀문을 말하였다고 하였다.

견제칠층 유제보살 득여향인 이방편
見第七層에 **有諸菩薩**이 **得如響忍**하야 **以方便**

지 분별관찰 이득출리 실능문지제불
智로 **分別觀察**하야 **而得出離**하야 **悉能聞持諸佛**

정법
正法하며

제7층에서는 많은 보살들이 메아리와 같은 지혜[如響忍]를 얻고, 방편과 지혜로 분별하며 관찰하여 벗어남을 얻어서 다 능히 모든 부처님의 바른 법을 들어 지니었습니다.

제7층에서는 많은 보살들이 메아리와 같은 지혜를 얻고, 방편과 지혜로 분별하며 관찰하여 부처님의 바른 법을 들어 지니었음을 보여 주었다.

견제팔층 무량보살 공집기중 개득신
見第八層에 **無量菩薩**이 **共集其中**호대 **皆得神**

통 무유퇴타 능이일음 변시방찰 기
通하야 **無有退墮**하야 **能以一音**으로 **徧十方刹**하고 **其**

身이 普現一切道場하야 盡於法界하야 靡不周徧하야
_{신　보현일체도량　　진어법계　　미부주변}

普入佛境하고 普見佛身하야 普於一切佛衆會中에
_{보입불경　　보현불신　　보어일체불중회중}

而爲上首하야 演說於法하며
_{이위상수　　연설어법}

　제8층에서는 한량없는 보살들이 그 안에 모였는데 다 신통을 얻고 물러나지 아니하며, 능히 한 음성으로 시방세계에 두루 하고, 그 몸이 모든 도량에 나타나 법계에 두루 하지 않는 곳이 없으며, 부처님의 경계에 널리 들어가서 부처님 몸을 널리 보며, 널리 모든 부처님의 대중 가운데서 상수가 되어 법을 연설하였습니다.

　제8층에서는 한량없는 보살들이 온갖 법을 성취하여 부처님의 경계에 널리 들어가서 부처님 몸을 널리 보며, 모든 부처님의 대중 가운데서 상수가 되어 법을 연설하는 것을 보여 주었다.

견제구층 일생소계제보살중 어중집회
見第九層에 **一生所繫諸菩薩衆**이 **於中集會**하며

제9층에서는 일생보처[一生所繫]의 모든 보살들이 그 가운데에 모였습니다.

제8층에서는 모든 보살들이 보살대중 가운데 상수가 되었다고 했고, 제9층에서는 부처님의 경지를 바로 앞에 둔 일생보처 보살들이 모여 있음을 보여 주었다.

일생보처一生補處 보살을 일생소계一生所繫라고 한 것은 일생만 지내면 부처님의 지위에 오른다는 뜻이다. 등각等覺의 지위이며, 석가세존보다 먼저 입멸하여 도솔천궁에 나서 그 천상의 수명으로 4천 세(인간의 56억/천만 년)를 지낸 뒤 식가모니불 다음에 사바세계로 내려와 화림원華林園 용화수龍華樹 아래에서 성도하고 3회會의 설법으로 인천人天을 교화한다는 미륵보살과 같은 지위의 보살들을 말한다.

견제십층 일체여래 충만기중 종초발
見第十層에 **一切如來**가 **充滿其中**하사 **從初發**

심   수보살행   초출생사   성만대원   급
心으로 修菩薩行하사 超出生死하야 成滿大願과 及

신통력   정불국토   도량중회   전정법륜
神通力하사 淨佛國土하고 道場衆會에 轉正法輪하사

조복중생   여시일체   실사명견
調伏衆生하야 如是一切를 悉使明見하나라

제10층에서는 일체 여래가 그 가운데에 가득하게 있는데 처음 발심한 때로부터 보살의 행을 닦으며 생사를 초월하여 큰 서원과 신통을 이루고 부처님의 국토와 도량에 모인 대중을 청정하게 하며, 바른 법륜을 굴리어 중생을 조복하였습니다. 이와 같은 모든 것을 다 분명히 보게 하였습니다.

화엄경에서 10이라는 숫자는 언제나 원만함과 완성과 최정상 등을 뜻한다. 그래서 제10층에서는 일체 여래가 그 가운데 충만하다. 여래가 하시는 일은 무엇인가. 처음 발심한 때로부터 보살의 행을 닦으며 생사를 초월하여 큰 서원과 신통을 이루고, 부처님의 국토와 도량에 모인 대중을 청정하게 하며, 바른 법륜을 굴리어 중생을 조복하고 교화하고 제

도하는 일이다. 선재동자에게 그와 같은 모습을 다 보였다. 이것이 법보계장자의 법이다.

(3) 문답으로 수승한 과보의 원인을 밝히다

爾時$_{에}$ 善財$_{가}$ 見是事已$_{하고}$ 白言$_{호대}$ 聖者$_{여}$ 何緣致此淸淨衆會$_{며}$ 種何善根$_{하야}$ 獲如是報$_{니잇고}$

이때에 선재동자는 이러한 일들을 보고 여쭈었습니다. "거룩하신 이여, 무슨 인연으로 이렇게 청정한 대중이 모였으며, 어떤 선근을 심어서 이와 같은 과보를 얻었습니까?"

법보계장자가 자신의 10층이나 되는 집을 맨 아래층에서부터 보여 주기 시작하여 제10층까지 훌륭한 모습들을 보여 주니, 선재동자는 신기하여 어떤 선근을 심은 과보인가를 물었다. 무엇이든 원인이 있어서 그와 같은 결과가 있다는 것을 잘 알기 때문이다.

장자 고언 선남자 아념과거 과불찰
長者가 **告言**하사대 **善男子**야 **我念過去**에 **過佛刹**

미진수겁 유세계 명원만장엄 불호
微塵數劫하야 **有世界**하니 **名圓滿莊嚴**이요 **佛號**는

무변광명법계보장엄왕 여래응정등각십호
無邊光明法界普莊嚴王이라 **如來應正等覺十號**

원만
圓滿이시니

　장자가 말하였습니다. "선남자여, 내가 생각하니 과거 부처님 세계의 미진수 겁 전에 세계가 있었는데 이름이 원만장엄이요, 부처님 이름은 무변광명법계보장엄왕無邊光明法界普莊嚴王이었습니다. 여래 응공 정등각 등 열 가지 명호가 원만하였습니다."

　어느 나라 어떤 부처님이든 부처님은 열 가지 이름으로 원만한 덕을 표현한다. 열 가지 이름이란 부처님께 있는 공덕상功德相을 일컫는 열 가지 명호인데 여래如來·응공應供·정변지正遍知·명행족明行足·선서善逝·세간해世間解·무상사無上士·조어장부調御丈夫·천인사天人師·불세존佛世尊이다.

피불입성 아주악음 병소일환향 이
彼佛入城에 **我奏樂音**하며 **幷燒一丸香**하야 **而**

이공양 이차공덕 회향삼처 위영이일
以供養하고 **以此功德**으로 **廻向三處**하니 **謂永離一**

체빈궁곤고 상견제불 급선지식 항문
切貧窮困苦하며 **常見諸佛**과 **及善知識**하며 **恒聞**

정법 고획사보
正法이라 **故獲斯報**로라

"그 부처님이 성에 들어오실 적에 내가 음악을 연주하고, 한 개의 향을 살라서 공양하였습니다. 그 공덕으로 세 곳에 회향하여 모든 빈궁과 곤고困苦를 영원히 여의고 모든 부처님과 선지식을 항상 친견하게 되었으며, 바른 법을 항상 들었으므로 이러한 과보를 얻었습니다."

법보계장자가 지난 과거에 무변광명법계보장엄왕 부처님에게 음악을 연주하고 향을 살라 공양한 그 공덕을 세 곳에 회향하였기에 이와 같은 공덕의 과보를 얻었다는 것을 밝혔다. 세 곳에 회향한다는 회향삼처廻向三處는 삼종회향三種廻向이라고도 하는데, 자기가 좋은 일을 하고 그 공덕을 돌려 자기가 바라는 바에 향向하는 세 가지이다. ① 보리회향菩提廻向은 위없는 불과佛果의 지혜를 얻기 위하여 자기가 닦은 모든 선근 공덕을 취향趣向하는 것이다. ② 중생회향衆生廻向은 일체 중생을 불쌍히 여기는 중생애衆生愛를 위하여 자기가 닦은 온갖 선근 공덕을 향하는 것이다. ③ 실제회향實際廻向은 유위전변有爲轉變하는 세계를 싫어하고 열반의 이상경理想境에 도달하기 위하여 자기가 닦은 선근 공덕을 향하는 것이다.

3) 자기는 겸손하고 다른 이의 수승함을 추천하다

선 남 자   아 유 지 차 보 살 무 량 복 덕 보 장 해 탈
善男子야 **我唯知此菩薩無量福德寶藏解脫**

문   여 제 보 살 마 하 살   득 부 사 의 공 덕 보 장
門이어니와 **如諸菩薩摩訶薩**은 **得不思議功德寶藏**

입 무 분 별 여 래 신 해
하며 **入無分別如來身海**하며

 "선남자여, 나는 다만 보살의 한량없는 복덕 보배 창고 해탈문을 알거니와 모든 보살마하살은 부사의한 공

덕의 보배 창고를 얻고, 분별이 없는 여래의 몸 바다에 들어가며,

수무분별무상법운　수무분별공덕도구
受無分別無上法雲하며 **修無分別功德道具**하며

기무분별보현행망　입무분별삼매경계　등
起無分別普賢行網하며 **入無分別三昧境界**하며 **等**

무분별보살선근
無分別菩薩善根하며

분별이 없는 가장 높은 법의 구름을 받으며, 분별이 없는 공덕의 도구를 닦고, 분별이 없는 보현의 수행 그물을 일으키며, 분별이 없는 삼매의 경계에 들어가서, 분별이 없는 보살의 착한 뿌리와 평등하고,

주무분별여래소주　증무분별삼세평등
住無分別如來所住하며 **證無分別三世平等**하며

주무분별보안경계　주일체겁　무유피염
住無分別普眼境界하야 **住一切劫**호대 **無有疲厭**

하나니 **而我云何能知能說彼功德行**이리오
이 아 운 하 능 지 능 설 피 공 덕 행

분별이 없는 여래의 머무시는 데 머물며, 분별이 없는 세 세상이 평등함을 증득하며, 분별이 없는 넓은 눈 경계에 머무르며, 모든 겁에 있으면서도 고달픔이 없습니다. 그러나 제가 어떻게 그 공덕의 행을 능히 알며 능히 말하겠습니까."

4) 다음 선지식 찾기를 권유하다

善男子야 **於此南方**에 **有一國土**하니 **名曰藤根**
선 남 자   어 차 남 방   유 일 국 토   명 왈 등 근

이요 **其土**에 **有城**하니 **名曰普門**이며 **中有長者**하니 **名**
기 토   유 성   명 왈 보 문   중 유 장 자   명

爲普眼이니 **汝詣彼問**호대 **菩薩**이 **云何學菩薩行**이며
위 보 안   여 예 피 문   보 살   운 하 학 보 살 행

修菩薩道리잇고하라 **時**에 **善財童子**가 **頂禮其足**하며
수 보 살 도   시   선 재 동 자   정 례 기 족

^{요 무 수 잡}　　^{은 근 첨 앙}　　^{사 퇴 이 거}
繞無數市하며 **殷勤瞻仰**하고 **辭退而去**하니라

"선남자여, 여기서 남쪽에 한 나라가 있으니 이름이 등근藤根이요, 그 나라에 성이 있으니 이름이 보문普門이며, 거기에 장자가 있으니 이름이 보안普眼입니다. 그대는 그에게 가서 '보살이 어떻게 보살의 행을 배우며 보살의 도를 닦습니까?'라고 물으십시오." 그때에 선재동자는 그의 발에 엎드려 절하고 수없이 돌고 은근하게 앙모하면서 하직하고 물러갔습니다.

문수지남도 제17, 선재동자가 보안장자를 친견하다.

17. 보안장자 普眼長者
제6 선현행善現行 선지식

1) 보안장자를 뵙고 법을 묻다

(1) 가르침에 의지하여 선지식을 찾다

爾時_에 善財童子_가 於寶髻長者所_에 聞此解脫
已_{하고} 深入諸佛無量知見_{하며} 安住菩薩無量勝
行_{하며} 了達菩薩無量方便_{하며}

그때에 선재동자가 법보계장자에게서 이 해탈문을 듣고 나서 모든 부처님의 한량없는 지견知見에 깊이 들어가고, 보살의 한량없이 훌륭한 행에 편안히 머물고, 보살의 한량없는 방편을 통달하고,

희구보살무량법문　　청정보살무량신해
希求菩薩無量法門하며 **淸淨菩薩無量信解**하며

명리보살무량제근　　성취보살무량욕락　　통
明利菩薩無量諸根하며 **成就菩薩無量欲樂**하며 **通**

달보살무량행문
達菩薩無量行門하며

　보살의 한량없는 법문을 구하고, 보살의 한량없이 믿고 이해함을 청정하게 하고, 보살의 한량없는 모든 근根을 예리하게 하고, 보살의 한량없는 욕락欲樂을 성취하고, 보살의 한량없는 행문을 통달하고,

증장보살무량원력　　건립보살무능승당
增長菩薩無量願力하며 **建立菩薩無能勝幢**하며

기보살지　　조보살법　　점차이행　　지등근
起菩薩智하며 **照菩薩法**하고 **漸次而行**하야 **至藤根**

국　　추문구멱피성소재
國하야 **推問求覓彼城所在**할새

　보살의 한량없는 서원의 힘을 증장하고, 보살의 이길 이 없는 당기를 세우고, 보살의 지혜를 일으켜 보살

의 법을 비추면서 점점 나아가 등근국藤根國에 이르러서 그 성城이 있는 데를 물으며 찾았습니다.

선재동자가 보안장자 선지식을 찾아가면서 법보계장자 선지식에게서 법을 듣고 그 수행이 더욱 깊어지고 그 정진이 더욱 수승하게 된 내용을 낱낱이 정리하여 밝혔다.

雖歷艱難이나 不憚勞苦하고 但唯正念善知識
教하야 願常親近承事供養하며 徧策諸根하야 離衆
放逸하니라

비록 어려운 일을 당하여도 수고로움을 꺼리지 아니하고 오직 선지식의 가르침을 바로 생각하면서 항상 가까이 모시고 받들어 섬기며 공양하기를 원하여 여러 감관을 두루 채찍질하여 온갖 방일함을 여의었습니다.

선지식을 찾아다니는 일이 쉬운 일이겠는가. 소설을 쓰듯이 자세하게 기록하지 않았을 뿐이다. 단순하게 "비록 어려운 일을 당하여도 수고로움을 꺼리지 아니하였다."라고 하였을 뿐이다.

(2) 공경을 나타내고 법을 묻다

然後_에 乃得見普門城_에 百千聚落_이 周帀圍繞
하야 雉堞崇峻하고 衢路寬平하며 見彼長者하고 往詣
其所하며 於前頂禮하고 合掌而立하야 白言호대

그런 뒤에 이에 보문성을 보았는데 백천 마을이 주위에 둘러 있고, 성城 위의 담은 높고 도로가 넓었습니다. 그 장자가 있는 것을 보고 그곳에 나아가 앞에서 엎드려 절하고 합장하고 서서 말하였습니다.

^{성자} ^{아이선발아뇩다라삼먁삼보리심} ^이
聖者여 **我已先發阿耨多羅三藐三菩提心**호니 **而**

^{미지보살} ^{운하학보살행} ^{운하수보살도}
未知菩薩이 **云何學菩薩行**이며 **云何修菩薩道**리잇고

"거룩하신 이여, 저는 이미 아뇩다라삼먁삼보리심을 내었습니다. 그러나 보살이 어떻게 보살의 행을 배우며 어떻게 보살의 도를 닦는지를 알지 못합니다."

선지식을 찾아다니는 일이 아무리 힘들고 어렵더라도 오직 선지식의 가르침을 바로 생각하면서 항상 가까이 모시고 받들어 섬기고 공양하기를 원하면서 변함없이 보살의 행을 묻고 보살의 도를 물었다. 이것이 수행자의 올바른 자세다.

2) 보안장자가 법을 설하다

(1) 몸의 병을 다스리다

^{장자} ^{고언} ^{선재선재} ^{선남자} ^{여이능}
長者가 **告言**하사대 **善哉善哉**라 **善男子**여 **汝已能**

발아뇩다라삼먁삼보리심
發阿耨多羅三藐三菩提心이로다 善男子야 我知

일체중생제병 풍황담열 귀매고독 내지
一切衆生諸病하야 風黃痰熱과 鬼魅蠱毒과 乃至

수화지소상해 여시일체소생제질 아실능이
水火之所傷害인 如是一切所生諸疾을 我悉能以

방편구료
方便救療하노라

장자가 말하였습니다. "훌륭하고 훌륭합니다. 선남자여, 그대가 이미 능히 아뇩다라삼먁삼보리심을 내었습니다. 선남자여, 나는 일체 중생의 모든 병을 아노니 풍병과, 황달병과, 해소병과, 열병과, 귀신에 홀린 병과, 벌레의 독과, 물에 빠지고 불에 상한 이와 같은 일체 모든 병을 내가 모두 능히 방편으로 치료합니다."

선남자 시방중생 제유병자 함래아소
善男子야 十方衆生의 諸有病者가 咸來我所에

아개요치 영기득차 부이향탕 목욕기
我皆療治하야 令其得差하며 復以香湯으로 沐浴其

신　　　향화영락　　　명의상복　　　종종장엄　　　시
身하야 香華瓔珞과 名衣上服으로 種種莊嚴하고 施

제음식　　급이재보　　　실령충족　　　무소핍단
諸飮食과 及以財寶하야 悉令充足하야 無所乏短
하나니라

"선남자여, 시방의 중생들로 모든 병이 있는 이는 모두 나에게 오면 내가 다 치료하여 쾌차하게 하며, 또 향탕으로 몸을 씻기고 향과 꽃과 영락과 좋은 의복으로 잘 꾸며 주고, 온갖 음식과 재물을 보시하여 충족하게 하고 조금도 모자람이 없게 합니다."

보안장자 선지식은 사람들의 몸의 병을 다스리고, 다시 마음의 병까지 다스리는 훌륭한 의사이다. 간혹 불자 중에도 의사로서 사람들의 병을 다스리는 이들을 본다. 그러나 그들이 마음의 병까지 다스리는 것은 보지 못하였다. 심지어 향탕으로 몸을 씻기고 향과 꽃과 영락과 좋은 의복으로 잘 꾸며 주고, 온갖 음식과 재물을 보시하여 충족하게 하고 조금도 모자람이 없게 하는 사람은 보지 못하였다. 그런데 보안장자 선지식은 어떤가.

(2) 마음의 병을 다스리다

然後에 各爲如應說法호대 爲貪欲多者하야 敎不淨觀하며 瞋恚多者에 敎慈悲觀하며 愚癡多者에 敎其分別種種法相하며 等分行者에 爲其顯示殊勝法門하니라

"그런 뒤에 그들에게 각각 알맞은 법을 설하노니, 탐욕이 많은 이는 부정하게 관(觀)함을 가르치고, 미워하고 성내는 일이 많은 이에게는 자비하게 관함을 가르치고, 어리석음이 많은 이에게는 갖가지 법의 모양을 분별하도록 가르치고, 세 가지가 평등한 이에게는 수승한 법문을 나타내 보입니다."

보안장자 선지식은 사람들의 몸의 병을 다스리고 온갖 음식과 재물까지 보시하고 드디어 마음의 병을 다스린다. 가장 먼저 탐욕의 병과 성내는 병과 어리석음의 병을 다스린다. 하지만 수행하는 사람으로서 탐진치 삼독이 다 사라졌

다고 해서 그것으로 보살로서 원만한 수행자가 되는 것은 아닐 것이다. 그래서 아래에 그들로 하여금 보리심을 내게 하려고 일체 모든 부처님의 공덕을 찬탄하고, 크게 가엾이 여기는 생각을 일으키게 하려고 나고 죽는 한량없는 고통을 나타내 보이는 등 갖가지 방편을 동원하여 온갖 수승한 법을 칭양 찬탄하는 것을 밝혔다.

위 욕 영 기 발 보 리 심　　칭 양 일 체 제 불 공 덕
爲欲令其發菩提心하야 **稱揚一切諸佛功德**하며

"그들로 하여금 보리심을 내게 하려고 일체 모든 부처님의 공덕을 찬탄하며,

위 욕 영 기 기 대 비 의　　현 시 생 사 무 량 고 뇌
爲欲令其起大悲意하야 **顯示生死無量苦惱**하며

그들로 하여금 크게 가엾이 여기는 생각을 일으키게 하려고 나고 죽는 한량없는 고통을 나타내 보이며,

위 욕 영 기 중 장 공 덕　　찬 탄 수 집 무 량 복 지
爲欲令其增長功德하야 **讚歎修集無量福智**하며

그들로 하여금 공덕을 증장하게 하려고 한량없는 복과 지혜를 닦아 모으는 것을 찬탄하며,

위 욕 영 기 발 대 서 원　　칭 찬 조 복 일 체 중 생
爲欲令其發大誓願하야 **稱讚調伏一切衆生**하며

그들로 하여금 큰 서원을 내게 하려고 모든 중생을 조복하는 것을 칭찬하며,

위 욕 영 기 수 보 현 행　　설 제 보 살　　어 일 체 찰
爲欲令其修普賢行하야 **說諸菩薩**이 **於一切刹**

일체겁주　수제행망
一切劫住에 **修諸行網**하며

그들로 하여금 보현의 행을 닦게 하려고 모든 보살들이 일체 세계에서 일체 겁 동안에 여러 가지 행을 닦는 것을 말하며,

위욕영기구불상호　　칭양찬탄단바라밀
爲欲令其具佛相好하야 **稱揚讚歎檀波羅蜜**하며

　그들로 하여금 부처님의 거룩하신 모습을 갖추게 하려고 보시바라밀다를 칭양 찬탄하며,

　　위욕영기득불정신　　실능변지일체처고
爲欲令其得佛淨身하야 **悉能徧至一切處故**로
칭양찬탄시바라밀
稱揚讚歎尸波羅蜜하며

　그들로 하여금 부처님의 깨끗한 몸을 얻어 온갖 곳에 이르게 하려고 지계바라밀다를 칭양 찬탄하며,

　　　위욕영기득불청정부사의신　　칭양찬탄인
爲欲令其得佛淸淨不思議身하야 **稱揚讚歎忍**
바라밀
波羅蜜하며

　그들로 하여금 부처님의 청정하고 부사의한 몸을 얻게 하려고 인욕바라밀다를 칭양 찬탄하며,

위욕영기획어여래무능승신 칭양찬탄정
爲欲令其獲於如來無能勝身하야 **稱揚讚歎精**
진 바 라 밀
進波羅蜜하며

그들로 하여금 여래의 이길 이 없는 몸을 얻게 하려고 정진바라밀다를 칭양 찬탄하며,

위욕영기득어청정무여등신 칭양찬탄선
爲欲令其得於淸淨無與等身하야 **稱揚讚歎禪**
바 라 밀
波羅蜜하며

그들로 하여금 청정하고 같을 이 없는 몸을 얻게 하려고 선정바라밀다를 칭양 찬탄하며,

위욕영기현현여래청정법신 칭양찬탄반
爲欲令其顯現如來淸淨法身하야 **稱揚讚歎般**
야 바 라 밀
若波羅蜜하며

그들로 하여금 여래의 청정한 법의 몸을 드러내려고 반야바라밀다를 칭양 찬탄하며,

爲欲令其現佛世尊淸淨色身하야 **稱揚讚歎方便波羅蜜**하며

그들로 하여금 부처님 세존의 깨끗한 육신을 나타내게 하려고 방편바라밀다를 칭양 찬탄하며,

爲欲令其爲諸衆生住一切劫하야 **稱揚讚歎願波羅蜜**하며

그들로 하여금 모든 중생들을 위하여 모든 겁에 머물게 하려고 서원바라밀다를 칭양 찬탄하며,

위욕영기현청정신　실과일체제불찰토
爲欲令其現淸淨身이 **悉過一切諸佛刹土**하야

칭양찬탄역바라밀
稱揚讚歎力波羅蜜하며

그들로 하여금 청정한 몸을 나타내어 일체 모든 부처님 세계를 지나가게 하려고 힘바라밀다를 칭양 찬탄하며,

위욕영기현청정신　수중생심실사환희
爲欲令其現淸淨身이 **隨衆生心悉使歡喜**하야

칭양찬탄지바라밀
稱揚讚歎智波羅蜜하며

그들로 하여금 청정한 몸을 나타내어 중생들의 마음을 따라 기쁘게 하려고 지혜바라밀다를 칭양 찬탄하며,

위욕영기획어구경정묘지신　칭양찬탄영
爲欲令其獲於究竟淨妙之身하야 **稱揚讚歎永**

리 일 체 제 불 선 법　　여 시 시 이　　각 령 환 거
離一切諸不善法이니 **如是施已**하고 **各令還去**케하노라

　그들로 하여금 끝까지 깨끗하고 묘한 몸을 얻게 하려고 일체 모든 착하지 않은 법을 아주 떠날 것을 칭양 찬탄하였습니다. 이와 같이 보시하고 나서 각각 돌아가게 하였습니다."

　보안장자 선지식은 사람들의 몸의 병을 다스리고, 다음으로 탐진치 삼독의 병을 다스리고, 다시 보살로서 갖춰야 할 온갖 법을 칭양 찬탄하여 그 모든 것을 수행하게 한다. 특히 화엄경에서 설하고 있는 십바라밀을 칭양 찬탄하여 보살로서 원만한 공덕과 지혜와 행원을 갖추게 하였다.

(3) 향을 만들어 공양하다

선 남 자　　아 우 선 지 화 합 일 체 제 향 요 법　　소
善男子야 **我又善知和合一切諸香要法**하니 **所**

위 무 등 향　신 두 파 라 향　　무 승 향　　각 오 향　　아
謂無等香과 **辛頭波羅香**과 **無勝香**과 **覺悟香**과 **阿**

^{로나발저향} ^{견흑전단향} ^{오락가전단향} ^침
盧那跋底香과 **堅黑栴檀香**과 **烏洛迦栴檀香**과 **沈**

^{수향} ^{부동제근향} ^{여시등향} ^{실지조리화}
水香과 **不動諸根香**이니 **如是等香**을 **悉知調理和**

^{합지법}
合之法이로라

"선남자여, 나는 또 여러 가지 향을 만드는 중요한 법을 압니다. 이른바 같을 이 없는 향과, 신두파라향과, 이길 이 없는 향과, 깨닫는 향과, 아로나발저향과, 견고한 흑전단향과, 오락가전단향과, 침수향과, 모든 감관이 흔들리지 않는 향이니, 이와 같은 향을 다스리고 화합하고 만드는 법을 다 압니다."

인도는 향신료가 발달한 나라다. 보안장자 선지식은 스스로 온갖 향을 잘 만드는 중요한 법을 알고 있다고 하였다. 그러면서 여러 가지 향을 소개하고 그와 같은 향을 잘 다스리고 화합하고 만드는 방법을 안다고 하였다.

又善男子야 我持此香하야 以爲供養하고 普見
諸佛하야 所願皆滿하니 所謂救護一切衆生願과 嚴
淨一切佛刹願과 供養一切如來願이니라

"또 선남자여, 나는 이 향으로 공양하고 여러 부처님을 뵈옵고 소원이 만족하였으니, 이른바 일체 중생을 구호하는 소원과 모든 부처님 세계를 깨끗이 하는 소원과 모든 여래께 공양하는 소원입니다."

여러 가지 향을 잘 만들 뿐만 아니라 그 향들을 가지고 부처님을 친견하여 온갖 소원을 빌어 만족한다. 부처님을 참배할 때 향을 사르고 소원을 비는 일은 예나 지금이나 한결같다. 어느 나라나 꼭 같다.

又善男子야 燃此香時에 一一香中에 出無量香

변지시방일체법계일체제불중회도량
하야 徧至十方一切法界一切諸佛衆會道場하야

혹위향궁 혹위향전 여시향란함 향원
或爲香宮하고 或爲香殿하며 如是香欄檻과 香垣

장 향각적 향호유 향중각 향반월 향개
牆과 香卻敵과 香戶牖와 香重閣과 香半月과 香蓋

와 香幢과 香幡과 香帳과 香羅網과 香形像과 香莊

엄구 향광명 향운우 처처충만 이위장
嚴具와 香光明과 香雲雨가 處處充滿하야 以爲莊

엄
嚴하니라

"또 선남자여, 이 향을 사를 적에 낱낱 향에서 한량 없는 향기가 절로 나와 시방 일체 법계와 모든 부처님 대중이 모인 도량에 두루 이르러서 혹 향의 궁궐이 되고, 혹 향의 전각殿閣이 되며, 이와 같은 향 난간과, 향 담과, 향 망루[卻敵]와, 향 창호와, 향 누각과, 향 반월과, 향 일산과, 향 당기와, 향 번기와, 향 휘장과, 향 그물과, 향 형상과, 향 장엄거리와, 향 광명과, 향 구름 비가 곳곳에 가득하여 장엄하였습니다."

향에는 예로부터 열 가지 덕[香+德]이 있다고 하였다. 감격귀신感激鬼神이라 하여 귀鬼와 신神도 감응해 마지않으며, 청정자심淸淨自心이라 하여 스스로 마음이 청정해지며, 능제오예能除汚穢라 하여 거칠고 더러움을 깨끗이 없애 주며, 능각수면能覺睡眠이라 하여 잠이 오는 것을 능히 몰아내며, 정중위우靜中爲友라 하여 고요한 가운데 벗할 만하며, 진리투한塵裡偸閑이라 하여 번뇌 속에서도 한가함을 즐기며, 다이불염多而不厭이라 하여 많이 피워도 싫지 않으며, 과이위족寡而爲足이라 하여 조금이라도 풍족함을 느끼며, 구장불후久藏不朽라 하여 오래 두어도 썩지 않으며, 상용무장常用無障이라 하여 늘 사용하여도 장애가 없다고 하였다.

또 향은 정淸·정淨·심深·정靜하다고 하여, 마음을 맑게 하고, 정화하며, 깊게 하고, 고요하게 하는 효능이 있다고 한다. 또 향의 그윽한 향취는 심오한 마음의 깊이를 닮았고, 허공에 퍼지는 향연의 춤은 영혼의 몸짓을 닮았고, 향의 고요한 심성은 침묵의 소리를 듣게 하고, 다 타도록 꺼지지 않는 향불은 영원한 불성佛性을 상징하기도 한다고 하였다.

3) 자기는 겸손하고 다른 이의 수승함을 추천하다

善男子_야 我唯知此令一切衆生普見諸佛歡
선남자   아유지차영일체중생보견제불환

喜法門_{이어니와} 如諸菩薩摩訶薩_은 如大藥王_{하야}
희법문   여제보살마하살   여대약왕

若見若聞_{이어나} 若憶念_{이어나} 若同住_{어나} 若隨行往
약견약문   약억념   약동주   약수행왕

_{이어나} 若稱名號_에 皆獲利益_{하야} 無空過者_{하며}
       약칭명호   개획이익   무공과자

"선남자여, 나는 다만 모든 중생으로 하여금 모든 부처님을 두루 보고 기뻐하는 법문만을 알거니와 모든 보살마하살은 큰 약왕藥王과 같아서 보거나 듣거나 생각하거나 함께 있거나 따라다니거나 이름을 일컫는 이들은 모두 이익을 얻어 헛되게 지내는 이가 없습니다."

若有衆生_이 暫得値遇_면 必令消滅一切煩惱_{하고}
약유중생   잠득치우   필영소멸일체번뇌

입어불법   이제고온   영식일체생사포외
入於佛法하야 **離諸苦蘊**하며 **永息一切生死怖畏**하고

도무소외일체지처   최괴일체노사대산
到無所畏一切智處하며 **摧壞一切老死大山**하고

안주평등적멸지락   이아운하능지능설피
安住平等寂滅之樂하나니 **而我云何能知能說彼**

공덕행
功德行이리오

 "만약 어떤 중생이 잠깐 만나더라도 반드시 모든 번뇌를 소멸하고, 부처님 법에 들어가 모든 괴로움을 여의며, 모든 생사의 무서움이 아주 없어지고, 두려움 없는 일체 지혜에 이르며, 모든 늙고 죽는 큰 산이 무너지고, 평등하고 고요한 낙에 머뭅니다. 그러나 제가 어떻게 그러한 공덕의 행을 능히 알며 능히 말할 수 있겠습니까."

 진정한 선지식은 언제나 자기는 한없이 겸손하고 다른 선지식들의 훌륭한 점을 자세히 열거하여 추천한다. 보안장자 선지식은 다른 모든 보살들의 덕화를 이와 같이 밝혔다.

"다른 보살마하살은 큰 약왕과 같아서 보거나 듣거나 생각하거나 함께 있거나 따라다니거나 이름을 일컫기만 해도 모두 이익을 얻어 헛되게 지내는 이가 없습니다." 이 얼마나 수승한가. 그가 누구든 다른 모든 사람들을 이와 같이 보고 이와 같다고 생각해야 할 것이다.

4) 다음 선지식 찾기를 권유하다

善男子야 於此南方에 有一大城하니 名多羅幢
선남자 어차남방 유일대성 명다라당

이요 彼中有王하니 名無厭足이니 汝詣彼問호대 菩薩
피중유왕 명무염족 여예피문 보살

이 云何學菩薩行이며 修菩薩道리잇고하라 時에 善財
운하학보살행 수보살도 시 선재

童子가 禮普眼足하며 繞無量帀하며 殷勤瞻仰하고
동자 예보안족 요무량잡 은근첨앙

辭退而去하니라
사퇴이거

"선남자여, 여기에서 남쪽에 큰 성이 있으니 이름이

다라당多羅幢이요, 그곳에 왕이 있으니 이름이 무염족無厭足입니다. 그대는 그에게 가서 '보살이 어떻게 보살의 행을 배우며 보살의 도를 닦습니까?'라고 물으십시오."
그때에 선재동자는 보안장자의 발에 절하고 한량없이 돌고 은근하게 앙모하면서 하직하고 물러갔습니다.

문수지남도 제18. 선재동자가 무염족왕을 친견하다.

18. 무염족왕 無厭足王
제7 무착행無着行 선지식

1) 무염족왕을 뵙고 법을 묻다

(1) 선지식의 가르침을 생각하여 이익을 이루다

爾時_에 善財童子_가 憶念思惟善知識敎_{하며} 念
善知識_이 能攝受我_{하며} 能守護我_{하며} 令我於阿耨
多羅三藐三菩提_에 無有退轉_{하야}

그때에 선재동자는 선지식의 가르침을 기억하고 생각하며, '선지식은 능히 나를 거두어 주고, 능히 나를 보호하고, 나로 하여금 아뇩다라삼먁삼보리심에서 물러나지 않게 하리라.'라고 생각하였습니다.

여시사유   생환희심   정신심   광대심
如是思惟하야 生歡喜心과 淨信心과 廣大心과

이창심   용약심   흔경심   승묘심   적정심
怡暢心과 踊躍心과 欣慶心과 勝妙心과 寂靜心과

장엄심   무착심   무애심   평등심   자재심
莊嚴心과 無着心과 無礙心과 平等心과 自在心과

주법심   변왕불찰심   견불장엄심   불사십력
住法心과 徧往佛刹心과 見佛莊嚴心과 不捨十力

심   점차유행
心하고 漸次遊行하니라

 이와 같이 생각하고는 환희한 마음과, 깨끗이 믿는 마음과, 광대한 마음과, 화창한 마음과, 뛰노는 마음과, 경축하는 마음과, 수승하고 묘한 마음과, 고요한 마음과, 장엄한 마음과, 집착이 없는 마음과, 걸림 없는 마음과, 평등한 마음과, 자유자재한 마음과, 법에 머무는 마음과, 부처님 세계에 두루 가는 마음과, 부처님의 장엄을 보는 마음과, 열 가지 힘을 버리지 않는 마음을 내고는 점점 행하여 갔습니다.

 모든 불자들은 사람 선지식이나 경전과 어록의 선지식에

게 '선지식은 능히 나를 거두어 주고, 능히 나를 보호하고, 나로 하여금 보리심에서 물러나지 않게 하리라.'라고 생각해야 한다. 그래야 환희한 마음과, 깨끗이 믿는 마음과, 광대한 마음과, 화창한 마음과, 뛰노는 마음과, 경축하는 마음 등 훌륭한 마음을 내게 된다. 선재동자는 모든 수행자의 본보기이기 때문이다.

(2) 무염족왕의 교화 방편

經歷國土村邑聚落하야 至多羅幢城하야 問無厭足王의 所在之處한대 諸人이 答言호대

점점 남쪽으로 가면서 나라를 지나고 마을과 도시를 지나서 다라당성城에 이르렀습니다. 무염족왕이 있는 데를 물었더니 여러 사람들이 이렇게 대답하였습니다.

此王이 今者에 在於正殿하야 坐獅子座하사 宣布
法化하야 調御衆生하사대 可治者治하고 可攝者攝하며
罰其罪惡하고 決其諍訟하고 撫其孤弱하야 皆令永
斷殺盜邪婬하며 亦令禁止妄言兩舌惡口綺語하며
又使遠離貪瞋邪見이니이다

"그 왕은 지금 정전正殿에서 사자좌에 앉아 법으로 교화하여 중생들을 조복하는데, 다스릴 수 있는 이는 다스리고, 거두어 줄 수 있는 이는 거두어 주고, 죄가 있는 이는 벌을 주고, 소송을 판결하며, 외롭고 나약한 이는 어루만져 주어서, 모두 살생과 훔치는 일과 삿된 음행을 아주 끊게 합니다. 또 거짓말과 이간질하는 말과 욕설과 비단결 같은 말을 못하게 하고, 또 탐욕과 성내는 일과 삿된 소견을 멀리 여의게 합니다."

무염족왕의 교화 방편은 참으로 다양하다. 법으로 교화

하여 모든 중생들을 조복하는데, 다스릴 수 있는 이는 다스리고, 거두어 줄 수 있는 이는 거두어 주며, 죄가 있는 이는 벌을 주고, 소송을 바르게 판결하며, 외롭고 나약한 이는 어루만져 준다. 한편 열 가지 악을 짓는 일은 철저히 금하여 모두 멀리 떠나게 한다. 한 나라를 다스리는 왕이 국민들에게 이와 같게만 한다면 그 나라는 실로 편안한 나라가 될 것이다.

時_에 善財童子_가 依衆人語_{하야} 尋卽往詣_{하니라}

遙見彼王_이 坐那羅延金剛之座_{하니} 阿僧祇寶_로 以爲其足_{하고} 無量寶像_{으로} 以爲莊嚴_{하고} 金繩爲網_{하야} 彌覆其上_{하며} 如意摩尼_로 以爲寶冠_{하야} 莊嚴其首_{하며}

이때에 선재동자는 여러 사람의 말을 의지하여 곧 찾아갔습니다. 멀리서 보니 그 왕은 나라연 금강좌에 앉았는데 아승지 보배로 그 발을 받치고 한량없는 보배 형상으로 장엄하였으며, 황금 실로 그물을 떠서 위에 덮었고, 여의 마니주로 보배 관冠을 만들어 머리를 장엄하였습니다.

閻浮檀金으로 以爲半月하야 莊嚴其額하며 帝靑摩尼로 以爲耳璫하야 相對垂下하며 無價摩尼로 以爲瓔珞하야 莊嚴其頸하며 天妙摩尼로 以爲印釧하야 莊嚴其臂하며

염부단금으로 반월을 만들어 이마를 장엄하고, 제청마니로 귀걸이를 만들어 쌍으로 드리웠으며, 값으로 매길 수 없는 마니로 영락을 만들어 목을 장엄하였고, 하늘 마니로 팔찌를 만들어 팔을 장엄하였습니다.

염부단금　　이위기개　　중보간착　　이위
閻浮檀金으로 **以爲其蓋**호대 **衆寶間錯**으로 **以爲**

윤복　　대유리보　　이위기간　　광미마니
輪輻하며 **大瑠璃寶**로 **以爲其竿**하며 **光味摩尼**로

이위기제　　잡보위령　　항출묘음　　방대광
以爲其臍하며 **雜寶爲鈴**하야 **恒出妙音**하며 **放大光**

명　　주변시방　　여시보개　　이부기상
明하야 **周徧十方**한 **如是寶蓋**로 **而覆其上**이라

　염부단금으로 일산日傘을 만들었으니 여러 보배를 사이사이 장식하여 살이 되었고, 큰 유리 보배로 손잡이가 되고, 광미光味 마니로 꼭지가 되었으며, 여러 가지 보배로 만든 풍경에서 항상 아름다운 소리를 내며, 큰 광명을 놓아 시방에 두루 한 이와 같은 보배 일산을 그 위에 덮었습니다.

아나라왕　　유대력세　　능복타중　　무능
阿那羅王이 **有大力勢**하사 **能伏他衆**하야 **無能**

여적　　이이구증　　이계기정　　십천대신
與敵하며 **以離垢繒**으로 **而繫其頂**하고 **十千大臣**이

전후위요   공리왕사
前後圍繞하야 **共理王事**하며

아나라왕은 큰 세력이 있어 다른 무리들을 능히 굴복시켜서 능히 대적할 이가 없으며, 때가 없는 비단을 정수리에 매었고, 십천 대신이 앞뒤에 둘러 모시고 다같이 나라의 일[王事]을 처리하였습니다.

기전   부유십만맹졸   형모추악   의복편
其前에 **復有十萬猛卒**이 **形貌醜惡**하고 **衣服褊**

루   집지기장   양비진목   중생견자   무불
陋하야 **執持器仗**하고 **攘臂瞋目**에 **衆生見者**가 **無不**

공포
恐怖라

그 앞에 다시 십만이나 되는 용맹한 군졸이 있는데, 형상이 추악하고 의복이 누추하며, 무기를 손에 들고 팔을 뽐내며 눈을 부릅뜨고 있어서 보는 사람들이 모두 무서워하였습니다.

무염족왕 선지식은 한 나라의 왕으로서 왕의 모습을 설

명하고 있다. 외형도 장엄할 뿐만 아니라 문신文臣이 1만 명이나 되고 무신武臣은 10만 명이나 있어서 나라 일을 함께 논의하고 주위를 호위한다.

無量衆生이 **犯王教敕**호대 **或盜他物**하며 **或害他**
무량 중생   범 왕 교 칙   혹 도 타 물   혹 해 타

命하며 **或侵他妻**하며 **或生邪見**하며 **或起瞋恨**하며 **或**
명   혹 침 타 처   혹 생 사 견   혹 기 진 한   혹

懷貪嫉하야 **作如是等種種惡業**하면 **身被五縛**하고
회 탐 질   작 여 시 등 종 종 악 업   신 피 오 박

將詣王所하야 **隨其所犯**하야 **以治罰之**호대
장 예 왕 소   수 기 소 범   이 치 벌 지

한량없는 중생들이 왕의 법령을 범하는데 혹 남의 물건을 훔치거나, 혹 남의 목숨을 살해하거나, 혹 남의 유부녀를 간통하거나, 혹 삿된 소견을 내었거나, 혹 성내어 원한을 내었거나, 혹 탐욕과 질투를 품었거나 하여 이와 같은 가지가지 나쁜 짓을 저질렀으면 몸에 오체를 속박하는 오랏줄을 지우고 왕의 앞에 끌려오며, 그 저지른 죄에 따라서 형벌을 주는 것이었습니다.

그 나라 중생들이 왕의 법령을 어기고 나쁜 짓 하는 광경을 밝혔다. 요즘의 지구에 사는 인간들처럼 정직하지 못하고, 사기와 협잡을 일삼고, 포악하기가 이를 데 없으며, 다량의 살상무기를 만들어 서로 자랑하는 등 온갖 나쁜 일이란 남김없이 다한다.

或斷手足_{하고} 或截耳鼻_{하며} 或挑其目_{하고} 或斬其首_{하며} 或剝其皮_{하고} 或解其體_{하며} 或以湯煮_{하고} 或以火焚_{하며} 或驅上高山_{하야} 推令墮落_{이라} 有如是等無量楚毒_{하야} 發聲號叫_{호미} 譬如衆合大地獄中_{이니라}

(혹단수족 혹절이비 혹도기목 혹참기수 혹박기피 혹해기체 혹이탕자 혹이화분 혹구상고산 추령타락 유여시등무량초독 발성호규 비여중합대지옥중)

혹 손과 발을 끊기도 하고, 혹 귀와 코를 베기도 하고, 혹 눈을 뽑고, 혹 머리를 자르고, 혹 살가죽을 벗기고, 혹 몸을 오리며, 혹 끓는 물에 삶고, 혹 타는 불에

지지며, 혹은 높은 산에 끌고 올라가서 밀어서 떨어뜨리는 이와 같은 등의 고통이 한량이 없으니, 부르짖고 통곡하는 것이 비유하자면 마치 여러 가지 큰 지옥이 다 모여 있는 것과 같았습니다.

그런데 죄를 범한 이들에게 가하는 형벌들이 무시무시하다. 매우 지나치다. 그 광경이 마치 여러 개의 큰 지옥을 모두 모아 놓은 것과 같다. 아무리 나쁜 짓을 했다 하더라도 잘 교화하고 가르쳐서 바르고 선량한 길로 인도할 수 있다면 얼마나 좋을까. 선재동자가 이 광경을 보고 어떤 마음이 들었을까.

(3) 선재동자가 무염족왕을 보고 의심하다

善財_가 見已_{하고} 作如是念_{호대} 我爲利益一切衆生_{하야} 求菩薩行_{하며} 修菩薩道_{어늘} 今者此王_이 滅

諸善法하고 作大罪業하야 逼惱衆生하며 乃至斷命
호대 曾不顧懼未來惡道어니 云何於此에 而欲求法
하야 發大悲心하야 救護衆生이리오

 선재동자는 이것을 보고 이와 같이 생각하였습니다. '나는 일체 중생을 이익되게 하려고 보살행을 구하고 보살도를 닦는데, 지금 이 왕은 모든 선한 법은 하나도 없고 큰 죄업을 지으며, 중생을 핍박하여 생명을 빼앗으면서도 전혀 장래의 나쁜 길을 두려워하지 않으니 어떻게 여기서 법을 구하며 크게 어여삐 여기는 마음을 내어 중생을 구호하겠는가.'

 모든 악을 짓지 않고 온갖 선을 받들어 행하는 선재동자로서는 당연히 의심하고 놀랄 일이다. 저렇게 무서운 형벌을 가하여 중생을 핍박하고 생명을 빼앗으면서 어찌 중생을 구호하는 선지식이라 하겠는가.

(4) 천신이 깨우치는 말을 하다

作是念時에 空中有天이 而告之言호대 善男子야 汝當憶念普眼長者善知識敎하라하야늘 善財가 仰視而白之日 我常憶念하야 初不敢忘이로라

이렇게 생각하는데 공중에서 어떤 천신이 말하였습니다. "선남자여, 그대는 마땅히 보안장자 선지식의 가르친 말을 생각하십시오." 선재동자가 우러러보면서 말하였습니다. "나는 언제나 생각하여 처음부터 감히 잊지 아니합니다."

선재동자가 무염족왕을 의심하므로 무염족왕 선지식을 추천한 보안장자 선지식의 가르침을 잊지 말고 생각하라고 주의를 준다.

天이 日善男子야 汝莫厭離善知識語하라 善知

식자   능인도여   지무험난안은지처
識者는 **能引導汝**하야 **至無險難安隱之處**니라

천신이 말하였습니다. "선남자여, 그대는 선지식의 말을 떠나지 마십시오. 선지식은 그대를 능히 인도하여 험난하지 않고 편안한 곳에 이르게 합니다."

선남자   보살   선교방편지   불가사의   섭
善男子야 **菩薩**의 **善巧方便智**가 **不可思議**며 **攝**

수중생지   불가사의   호념중생지   불가사의
受衆生智가 **不可思議**며 **護念衆生智**가 **不可思議**며

성숙중생지   불가사의   수호중생지   불가사
成熟衆生智가 **不可思議**며 **守護衆生智**가 **不可思**

의   도탈중생지   불가사의   조복중생지   불
議며 **度脫衆生智**가 **不可思議**며 **調伏衆生智**가 **不**

가사의
可思議니라

"선남자여, 보살의 교묘한 방편 지혜는 헤아릴 수 없으며, 중생을 거두어 주는 지혜는 헤아릴 수 없으며, 중생을 생각하는 지혜는 헤아릴 수 없으며, 중생을 성숙

하게 하는 지혜는 헤아릴 수 없으며, 중생을 수호하는 지혜는 헤아릴 수 없으며, 중생을 해탈케 하는 지혜는 헤아릴 수 없으며, 중생을 조복하는 지혜는 헤아릴 수 없습니다."

천신이 보살의 깊고 깊은 지혜는 불가사의하여 헤아릴 수 없다고 찬탄하였다. 보살행에는 순행順行도 있고 역행逆行도 있어서 하늘도 측량할 수 없다. 과연 무엇이 결과적으로 그 사람에게 이익하겠는가. 보살만이 아는 일이요, 범인들은 알 수 없는 소식이다. 보살의 교묘한 방편 지혜로 중생을 거두어 주고, 중생을 생각하고, 중생을 성숙시키고, 중생을 수호하는 능의 지혜는 헤아릴 수 없으며 불가사의하다.

(5) 보살의 행을 묻다

時_에 善財童子_가 聞此語已_{하고} 卽詣王所_{하야} 頂
시 선재동자 문차어이 즉예왕소 정

禮其足_{하고} 白言_{호대} 聖者_여 我已先發阿耨多羅三
례기족 백언 성자 아이선발아뇩다라삼

_{약삼보리심} _{이미지보살} _{운하학보살행}
藐三菩提心_{호니} **而未知菩薩**_이 **云何學菩薩行**_{이며}

_{운하수보살도} _{아문성자} _{선능교회}
云何修菩薩道_{리잇고} **我聞聖者**_는 **善能教誨**_{라하니}

_{원위아설}
願爲我說_{하소서}

   그때에 선재동자가 그 말을 듣고 곧 왕의 처소에 나아가 그 발에 엎드려 절하고 여쭈었습니다. "거룩하신 이여, 저는 이미 아뇩다라삼먁삼보리심을 내었습니다. 그러나 보살이 어떻게 보살의 행을 배우며 어떻게 보살의 도를 닦는지를 알지 못합니다. 제가 들으니 거룩하신 이께서 잘 가르치신다 하오니 바라옵건대 저를 위하여 말씀하여 주십시오."

   천신의 말을 들은 선재동자는 다른 선지식에게 하던 대로 보살행에 대해서 물었다.

2) 무염족왕이 법을 설하다

(1) 궁전의 훌륭함을 보이다

時_에 阿那羅王_이 理王事已_에 執善財手_{하고} 將
入宮中_{하사} 命之同坐_{하시고} 告言_{하사대} 善男子_야 汝
應觀我所住宮殿_{하라}

이때에 아나라왕阿那羅王은 왕의 할 일을 마치고 선재동자의 손을 잡고 궁중으로 들어가 함께 앉아서 말하였습니다. "선남자여, 그대는 응당 내가 머무는 궁전을 살펴보시오."

善財_가 如語_{하야} 卽徧觀察_{하니} 見其宮殿_이 廣大
無比_{하야} 皆以妙寶之所合成_{이며} 七寶爲牆_{하야} 周

잡 위 요　　백 천 중 보　　이 위 누 각　　종 종 장 엄
市圍繞하고 百千衆寶로 以爲樓閣하며 種種莊嚴이

실 개 묘 호
悉皆妙好하고

선재동자는 왕의 말대로 살펴보았습니다. 그 궁전은 넓고 커서 비길 데 없으며, 모두 묘한 보배로 이루어졌는데 칠보로 담을 쌓아 주위에 둘러 있고, 백천 가지 온갖 보배로 누각이 되었는데 가지가지 장엄이 모두 아름답고 훌륭하였습니다.

부 사 의 마 니 보 망　　나 부 기 상　　십 억 시 녀
不思議摩尼寶網으로 羅覆其上하며 十億侍女가

단 정 수 절　　위 의 진 지　　개 실 가 관　　범 소 시
端正殊絶하야 威儀進止가 皆悉可觀이요 凡所施

위　무 비 교 묘　　선 기 후 와　　　연 의 승 지
爲가 無非巧妙하야 先起後臥하야 軟意承旨러라

부사의한 마니보배로 짠 그물이 그 위에 덮이었고, 십억 시녀들은 단정하고 아름답고 가고 오는 거동이 모두 아름다워 볼 만하며, 모든 일이 교묘하지 않은 것이

없어서 먼저 일어나고 뒤에 눕고 하는 데 공순한 마음으로 뜻을 받들고 있었습니다.

무염족왕 선지식은 선재동자의 손을 잡고 자신의 궁전으로 함께 들어가서 자신이 얼마나 큰 복을 누리고 있는가를 보게 하였다. 궁전의 모습은 말할 나위가 없거니와 10억 명이나 되는 아름다운 시녀들이 좌우에서 모시고 있으면서 시중을 들며 뜻을 받들고 있었다. 악한 업만을 짓는 왕이 어찌 이와 같을 수 있겠는가. 무엇인가 깊은 뜻이 있을 것이다.

(2) 방편으로 역행逆行을 보이다

時_에 阿那羅王_이 告善財言_{하사대} 善男子_야 於意云何_오 我若實作如是惡業_{인댄} 云何而得如是果報_와 如是色身_과 如是眷屬_과 如是富贍_과 如是自

재
在리오

이때에 아나라왕이 선재동자에게 말하였습니다. "선남자여, 어떻게 생각합니까. 내가 만약 참으로 이와 같은 악한 업을 짓는다면 어떻게 이와 같은 과보와 이와 같은 육신과 이와 같은 권속과 이와 같은 부귀와 이와 같은 자재함을 얻었겠습니까."

그렇다. 그가 만약 참으로 이와 같은 악한 업을 짓는다면 어떻게 이와 같은 과보와 이와 같은 육신과 이와 같은 권속과 이와 같은 부귀와 이와 같은 자재함을 얻었겠는가. 선재동자는 아마도 헛것을 보았으리라.

선남자야 아득보살여환해탈호니 선남자야 아
善男子야 **我得菩薩如幻解脫**호니 **善男子**야 **我**

차국토 소유중생 다행살도 내지사견
此國土의 **所有衆生**이 **多行殺盜**와 **乃至邪見**일새

작 여 방 편　　　불 능 영 기 사 리 악 업
作餘方便하야 **不能令其捨離惡業**이니라

　"선남자여, 나는 보살의 환술과 같은 해탈[如幻解脫]을 얻었습니다. 선남자여, 나의 이 국토에 있는 중생들이 살생하고 훔치고, 내지 삿된 소견을 가진 이가 많아서 다른 방편으로는 그들로 하여금 나쁜 업을 버리게 할 수 없었습니다."

　무염족왕 선지식은 보살의 환술과 같은 해탈[如幻解脫]을 얻었으므로 앞에서 보인 온갖 악한 짓은 일체가 환술로 만들어 보인 것이다. 결코 실재하지 않는 환영幻影으로 만들어 보인 것이다. 역행逆行으로 악한 짓을 보여서 다시 악한 짓을 하는 사람들에게 경계하는 일일 뿐이다. 마치 지장경에서 일체 악업을 지은 사람들이 그 과보를 받는 모습을 보인 것과 같은 것이다.

선 남 자　아 위 조 복 피 중 생 고　　화 작 악 인　조
善男子야 **我爲調伏彼衆生故**로 **化作惡人**이 **造**

제 죄업　　수 종 종 고　　영 기 일 체 작 악 중 생
諸罪業하고 受種種苦하야 令其一切作惡衆生으로

견 시 사 이　　심 생 황 포　　심 생 염 리　　심 생 겁
見是事已하고 心生惶怖하며 心生厭離하며 心生怯

약　　단 기 소 작 일 체 악 업　　발 아 뇩 다 라 삼 먁
弱하야 斷其所作一切惡業하고 發阿耨多羅三藐

삼 보 리 의
三菩提意케하노라

"선남자여, 나는 저러한 중생들을 조복하기 위하여, 나쁜 사람으로 변화하여 여러 가지 죄업을 짓고 가지가지 고통을 받아서 일체 악한 업을 짓는 중생들로 하여금 이런 일을 보고 나서 무서운 마음을 내고, 싫어하는 마음을 내고, 겁나는 마음을 내어 그들이 짓던 모든 나쁜 업을 끊고 아뇩다라삼먁삼보리심을 내게 하려는 것입니다."

무염족왕 선지식은 이와 같은 방편으로 일체 중생들로 하여금 남을 먼저 이롭게 하는 이타심利他心을 내게 하려는 것이 그 목적이었다. 만약 이 선지식처럼 환술과 같은 해탈

을 얻어서 저러한 환술을 만들어 보일 수 있는 능력이 있다면 이 말세의 악한 중생들을 교화하는 데 얼마나 훌륭하게 활용할 수 있을까. 부럽기가 한이 없다.

善男子야 **我以如是巧方便故**로 **令諸衆生**으로 **捨十惡業**하고 **住十善道**하야 **究竟快樂**하며 **究竟安隱**하며 **究竟住於一切智地**케하노라

"선남자여, 나는 이와 같이 교묘한 방편으로써 모든 중생들로 하여금 열 가지 나쁜 업을 버리고 열 가지 착한 도에 머물러서 끝까지 쾌락하고 끝까지 편안하고 구경에 일체 지혜의 지위에 머물게 하려는 것입니다."

무염족왕 선지식이 환술과 같은 해탈을 얻어서 온갖 환술을 나타내 보이는 것은 궁극에 모든 중생들로 하여금 열 가지 나쁜 업을 버리고 열 가지 착한 도에 머물러서 끝까지

쾌락하고 끝까지 편안하고 구경에 일체 지혜의 지위에 머물게 하려는 것이었다.

善男子_야 我身語意_는 未曾惱害於一衆生_{이니}
善男子_야 如我心者_{인댄} 寧於未來_에 受無間苦_{언정}
終不發生一念之意_{하야} 與一蚊一蟻_로 而作苦事
_{어든} 況復人耶_아 人是福田_{이니} 能生一切諸善法故_{니라}

"선남자여, 나의 몸이나 말이나 뜻으로 짓는 일이 일찍이 한 중생도 해친 일이 없습니다. 선남자여, 내 마음에는 차라리 오는 세상에 무간지옥에 들어가 고통을 받을지언정 마침내 잠깐만이라도 모기 한 마리나 개미 한 마리를 괴롭게 하려는 생각을 내지 아니하거든 하물며 사람이겠습니까. 사람은 복의 밭[人是福田]이라 능히 일체 모든 선한 법을 내는 연고입니다."

인시복전人是福田. 이 얼마나 훌륭한 말인가. 그렇다. 사람이 복의 밭이다. 사람을 제외하고 달리 다른 어디에서 복을 지을 것인가. 자연을 가꾸고 동물이나 어류를 살리는 일도 훌륭한 선행이지만 무엇보다 사람을 우선하여 받들어 섬기고 보살피는 것이 가장 큰 복전이 된다.

3) 자기는 겸손하고 다른 이의 수승함을 추천하다

善男子야 我唯得此如幻解脫이어니와 如諸菩薩
摩訶薩은 得無生忍하야 知諸有趣가 悉皆如幻하며
菩薩諸行이 悉皆如化하며 一切世間이 悉皆如影하며
一切諸法이 悉皆如夢하야

"선남자여, 나는 다만 이 환술과 같은 해탈을 얻었거니와 모든 보살마하살은 생사가 없는 법의 지혜를 얻고, 모든 세계가 모두 환술과 같고, 보살의 행이 모두

요술과 같고, 일체 세간이 모두 그림자와 같고, 일체 모든 법이 모두 꿈과 같은 줄을 알며,

入眞實相無礙法門하며 修行帝網一切諸行하야
以無礙智로 行於境界하며 普入一切平等三昧하야
於陀羅尼에 已得自在하나니 而我云何能知能說
彼功德行이리오

진실한 모습의 걸림 없는 법문에 들어가서 제석천왕의 진주그물 같은 일체 모든 행을 닦으며, 걸림 없는 지혜로 경계에 행하고, 모든 것이 평등한 삼매에 널리 들어가서 다라니에 자유자재함을 이미 얻었습니다. 그러나 제가 어떻게 그 공덕의 행을 능히 알며 능히 말하겠습니까."

무염족왕 선지식도 역시 지혜와 자비가 뛰어나며 훌륭한

교화 방편이 있어서 환술로 역행逆行을 나타내어 사람들을 잘 교화하건만 자신은 겸손하고 다른 선지식의 수승함을 추천하였다. 이 얼마나 아름다운 보살의 모습인가.

4) 다음 선지식 찾기를 권유하다

善男子야 於此南方에 有城하니 名妙光이요 王名 大光이니 汝詣彼間호대 菩薩이 云何學菩薩行이며 修菩薩道리잇고하라 時에 善財童子가 頂禮王足하며 繞無數帀하고 辭退而去하니라

"선남자여, 여기서 남쪽에 성이 있으니 이름이 묘광妙光이요, 왕의 이름은 대광大光입니다. 그대는 그에게 가서 '보살이 어떻게 보살의 행을 배우며 보살의 도를 닦습니까?'라고 물으십시오." 이때에 선재동자는 왕의 발에 절하고 수없이 돌고 하직하고 물러갔습니다.

문수지남도 제19, 선재동자가 대광왕을 친견하다.

19. 대광왕 大光王

제8 난득행難得行 선지식

1) 대광왕을 뵙고 법을 묻다

(1) 들은 법을 생각하며 선지식을 찾다

爾時에 善財童子가 一心正念彼王所得幻智法門하며 思惟彼王如幻解脫하며 觀察彼王如幻法性하며 發如幻願하며 淨如幻法하며 普於一切如幻三世에 起於種種如幻變化하야 如是思惟하고 漸次遊行하야

그때에 선재동자는 한결같은 마음으로 저 무염족왕이 얻은 환술과 같은 지혜 법문을 바르게 생각하며, 저 무염족왕의 환술과 같은 해탈을 생각하며, 저 무염족왕의 환술과 같은 법의 성품을 관찰하며, 환술과 같은 서원을 내고, 환술과 같은 법을 청정히 하고, 널리 일체 환술과 같은 세 세상에 갖가지 환술과 같은 변화를 일으켜서 이와 같이 생각하면서 점점 남쪽으로 갔습니다.

요즘 한국에서 법을 설하는 의식에서는 설법하기 전에 반드시 입정入定이라 하여 선정에 드는 시간을 갖는다. 그러나 법문을 듣고 난 뒤에는 자리를 뜨기에 분주하다. 하지만 법문을 듣고 난 뒤에 아주 잠깐이라도 선정에 들어서 지금까지 들은 법문을 마음속에 정리하고 새기고 기억하는 시간을 갖는 것이 더 중요하다. 선재동자는 언제나 앞에서 들은 법문을 정리하고 다시 기억하여 자신의 것으로 삼는다. 이 자세는 곧 공부한 것에 대한 복습이다. 무엇이 더 유익한 입정인가를 생각해야 할 것이다.

或至人間城邑聚落하며 或經曠野巖谷險難호대 無有疲懈하야 未曾休息한 然後에 乃至妙光大城하야 而問人言호대 妙光大城이 在於何所오 人咸報言호대 妙光城者는 今此城이 是니 是大光王之所住處니이다

혹 인간의 도시와 마을에 이르기도 하고, 혹 거친 벌판과 산골짜기와 험난한 데를 지나면서도 고달픈 생각이 없고 쉬지도 아니하였습니다. 그러다가 묘광대성妙光大城에 이르러 사람들에게 물었습니다. "묘광대성이 어디에 있습니까?" 사람들은 다 같이 대답하기를, "묘광성은 지금 바로 이 성이고, 이 성城이 대광왕大光王께서 계시는 곳입니다."라고 하였습니다.

時ᄋᆡ 善財童子가 歡喜踊躍하야 作如是念호대 我
善知識이 在此城中하시니 我今必當親得奉見하야
聞諸菩薩所行之行하며 聞諸菩薩出要之門하며

그때에 선재동자는 기뻐 뛰면서 이렇게 생각하였습니다. '나의 선지식이 이 성중城中에 있으니 나는 이제 반드시 친히 뵈옵고 모든 보살들의 행하는 행을 들을 것이며, 모든 보살들의 벗어나는 중요한 문을 들을 것이며,

聞諸菩薩所證之法하며 聞諸菩薩不思議功德
하며 聞諸菩薩不思議自在하며 聞諸菩薩不思議
平等하며 聞諸菩薩不思議勇猛하며 聞諸菩薩不

사 의 경 계 광 대 청 정
思議境界廣大淸淨이로다

 모든 보살들의 증득한 법을 들을 것이며, 모든 보살들의 부사의한 공덕을 들을 것이며, 모든 보살들의 부사의하게 자재함을 들을 것이며, 모든 보살들의 부사의한 평등을 들을 것이며, 모든 보살들의 부사의한 용맹을 들을 것이며, 모든 보살들의 부사의한 경계가 광대하고 청정함을 들을 것이다.'

 선재동자는 자신이 찾던 선지식이 이 성에 있다는 말을 듣고 매우 기뻐하면서 선지식에게 듣고 배워야 할 내용을 낱낱이 생각하여 보았다. '나는 이제 반드시 치히 뵈옵고 모든 보살들의 행하는 행을 들을 것이며, 모든 보살들의 벗어나는 중요한 문을 들을 것이며, 모든 보살들의 증득한 법을 들을 것이며, 모든 보살들의 부사의한 공덕을 들을 것' 등을 생각하였다. 이 자세는 곧 공부에 대한 예습이다. 선재동자의 복습과 예습은 만고의 본보기이다.

(2) 묘광성의 장엄

작 시 념 이　　　입 묘 광 성　　　견 차 대 성　　　이 금
作是念已하고 入妙光城하야 見此大城하니 以金

은 유 리　　파 려 진 주　　자 거 마 노　　칠 보 소 성　　　칠
銀瑠璃와 玻瓈眞珠와 硨磲瑪瑙의 七寶所成이며 七

보 심 참　　칠 중 위 요　　　팔 공 덕 수　　영 만 기 중　　　저
寶深塹이 七重圍繞하야 八功德水가 盈滿其中하고 底

포 금 사
布金沙하며

이렇게 생각하고 나서 묘광성에 들어가서 성을 둘러 보았습니다. 금과 은과 유리와 파려와 진주와 자거와 마노의 칠보로 성城이 되었고, 칠보로 된 해자가 일곱 겹으로 둘리었는데 팔공덕수八功德水가 가득히 차서 넘치고, 바닥에는 금모래가 깔리었습니다.

대광왕大光王 선지식의 의보依報와 정보正報를 밝히는 가운데 먼저 그는 어떠한 복으로 어떠한 생활환경[依報]을 누리고 있는가 하는 것을 드러내는 내용이다. 모든 사람이 그렇듯이 그 사람이 누리고 사는 지구에서부터 그 나라와 그 도시

와 그 지역과 그 집과 주변의 인연을 맺고 사는 사람들까지 일체를 그 사람이 의지하여 사는 의보依報라 한다. 그래서 묘광성의 장엄은 곧 대광왕 선지식의 의보를 밝힌 것이다.

優鉢羅華_와 波頭摩華_와 拘物頭華_와 芬陀利華_가 徧布其上_{하며} 寶多羅樹_가 七重行列_{하고} 七種金剛_{으로} 以爲其垣_{하야} 各各圍繞_{하니}

우발라 꽃과 파두마 꽃과 구물두 꽃과 분타리 꽃들이 그 위에 덮이었으며, 보배 다라 나무가 일곱 겹으로 줄을 지어 서 있고, 일곱 가지 금강으로 담이 되어 각각 둘리어 있었습니다.

所爲獅子光明金剛垣_과 無能超勝金剛垣_과 不

可沮壞金剛垣과 不可毀缺金剛垣과 堅固無礙
金剛垣과 勝妙網藏金剛垣과 離塵淸淨金剛垣이라

이른바 사자광명 금강 담과, 이길 이 없는 금강 담과, 깨뜨릴 수 없는 금강 담과, 무너뜨릴 수 없는 금강 담과, 견고하고 장애가 없는 금강 담과, 훌륭한 그물 창고 금강 담과, 티끌 없이 청정한 금강 담이었습니다.

悉以無數摩尼妙寶로 間錯莊嚴하고 種種衆寶
로 而爲埤堄하며 其城縱廣이 一十由旬이요 周迴八
方에 面開八門하야 皆以七寶로 周徧嚴飾하고 毘瑠
璃寶로 以爲其地하야 種種莊嚴이 甚可愛樂이며

모두 무수한 마니보배로 사이사이 장엄하고, 가지가지 보배로 성 위의 담이 되었고, 그 성의 가로와 세로는 열 유순이요, 둘레는 팔 방인데 면마다 여덟 문을 내었고 모두 칠보로 두루 찬란하게 장식하였으며, 비유리 보배로 그 땅이 되고, 가지가지로 장엄하여 매우 찬란하였습니다.

<small>기성지내 십억구도 일일도간 개유무량</small>
其城之內에 **十億衢道**가 **一一道間**에 **皆有無量**

<small>만억중생 이중지주 유무수염부단금누각</small>
萬億衆生이 **於中止住**호대 **有無數閻浮檀金樓閣**에

<small>비유리마니망 나부기상</small>
毘瑠璃摩尼網으로 **羅覆其上**하며

그 성 안에는 십억의 도로가 있는데 낱낱 도로들 사이에는 모두 한량없는 만억 중생이 살고 있었으며, 수없는 염부단금 누각에는 비유리 마니 그물이 그 위에 덮이었습니다.

<small>무수은누각 적진주마니망 나부기상</small>
無數銀樓閣에 **赤眞珠摩尼網**으로 **羅覆其上**하며

무수비유리누각 묘장마니망 나부기상
無數毘瑠璃樓閣에 妙藏摩尼網으로 羅覆其上하며

수없는 은 누각에는 적진주 마니 그물이 그 위에 덮이었고, 수없는 비유리 누각에는 묘장(妙藏) 마니 그물이 그 위에 덮이었습니다.

무수파려누각 무구장마니왕망 나부기
無數玻瓈樓閣에 無垢藏摩尼王網으로 羅覆其

상 무수광조세간마니보누각 일장마니왕
上하며 無數光照世間摩尼寶樓閣에 日藏摩尼王

망 나부기상
網으로 羅覆其上하며

수없는 파려 누각에는 때 없는 창고 마니왕 그물이 그 위에 덮이었고, 수없는 광명이 세간을 비추는 마니 보배 누각에는 일장 마니왕 그물이 그 위에 덮이었습니다.

無數帝靑摩尼寶樓閣에 妙光摩尼王網으로 羅
覆其上하며 無數衆生海摩尼王樓閣에 焰光明摩
尼王網으로 羅覆其上하며

수없는 제청 마니보배 누각에는 묘광妙光 마니왕 그
물이 그 위에 덮이었고, 수없는 중생 바다 마니왕 누각
에는 불꽃 광명 마니왕 그물이 그 위에 덮이었습니다.

無數金剛寶樓閣에 無能勝幢摩尼王網으로 羅
覆其上하며 無數黑栴檀樓閣에 天曼陀羅華網으로
羅覆其上하며 無數無等香王樓閣에 種種華網으로
羅覆其上하며

수없는 금강 보배 누각에는 이길 이 없는 당기 마니

왕 그물이 그 위에 덮이었고, 수없는 흑전단 누각에는 하늘 만다라 꽃 그물이 그 위에 덮이었고, 수없는 무등향왕 누각에는 가지각색 꽃 그물이 그 위에 덮이었습니다.

其城에 復有無數摩尼網과 無數寶鈴網과 無數天香網과 無數天華網과 無數寶形像網과 無數寶衣帳과 無數寶蓋帳과 無數寶樓閣帳과 無數寶華鬘帳之所彌覆하고 處處建立寶蓋幢幡하며

그 성에는 또 수없는 마니 그물과, 수없는 보배 풍경 그물과, 수없는 하늘 향 그물과, 수없는 하늘 꽃 그물과, 수없는 보배 형상 그물과, 수없는 보배 옷 휘장과, 수없는 보배 일산 휘장과, 수없는 보배 누각 휘장과, 수없는 보배 화만 휘장이 덮이었으며, 곳곳에 보배 일산과 당기와 번기를 세웠습니다.

당차성중　　　유일누각　　　명정법장　　　아승
當此城中하야 **有一樓閣**하니 **名正法藏**이라 **阿僧**

지보　　이위장엄　　　광명혁혁　　　최승무비　　　중
祇寶로 **以爲莊嚴**하고 **光明赫奕**이 **最勝無比**하야 **衆**

생견자　심무염족　　　피대광왕　　상처기중
生見者가 **心無厭足**이어든 **彼大光王**이 **常處其中**이러라

이 성城 가운데 한 누각이 있으니 이름이 정법장正法藏이었습니다. 아승지 보배로 장엄하였는데 광명이 찬란하며 가장 수승하여 비길 데 없어 보는 중생들은 싫은 줄을 모르는데 저 대광왕은 항상 그 가운데 있었습니다.

묘광성의 장엄을 다시 한 번 생각해 보면 대광왕 선지식이 과거에 얼마나 수승한 복을 닦았기에 이와 같은 의보, 즉 생활환경을 누리고 사는가를 알게 한다.

(3) 대광왕의 의보依報의 공덕

이시　　선재동자　　　어차일체진보묘물　　　내
爾時에 **善財童子**가 **於此一切珍寶妙物**과 **乃**

至男女六塵境界에 皆無愛着하고 但正思惟究竟
지 남 녀 육 진 경 계   개 무 애 착   단 정 사 유 구 경

之法하며 一心願樂見善知識하야 漸次遊行하니라
지 법   일 심 원 락 견 선 지 식   점 차 유 행

그때에 선재동자는 이 모든 보물이나 내지 남자나 여자나 여섯 대상[六塵境界]에는 조금도 애착이 없고, 다만 구경의 법을 바르게 생각하여 일심으로 선지식을 친견하기를 원하면서 점점 나아갔습니다.

대광왕 선지식의 생활환경인 의보의 설명을 끝내고 이제 대광왕 선지식이 갖춘 몸의 모습인 정보正報에 대해서 밝힌다. 대광왕이 누리는 생활환경이 그토록 장엄하고 화려하고 환상적이라도 선재동자는 조금도 흔들리는 마음이 없고 오직 구경의 법을 바르게 생각하여 일심으로 선지식을 친견하기만을 원하였다.

見大王이 去於所住樓閣不遠한 四衢道中에
견 대 광 왕   거 어 소 주 누 각 불 원   사 구 도 중

좌 여의 마니 보 연 화 장 광 대 장 엄 사 자 지 좌
坐如意摩尼寶蓮華藏廣大莊嚴獅子之座하시니

대광왕이 거처하는 누각에서 멀지 아니한 네거리에서 여의주 마니보배로 만든 연화장 광대 장엄 사자좌에 앉아 있는 것을 보았습니다.

감 유리 보   이 위 기 족   금 증 위 장   중 보
紺瑠璃寶로 **以爲其足**하고 **金繒爲帳**하고 **衆寶**

위 망   상 묘 천 의   이 위 인 욕   기 왕   어 상
爲網하고 **上妙天衣**로 **以爲茵蓐**이라 **其王**이 **於上**에

결 가 부 좌
結跏趺坐호대

연보라색 유리 보배로 사자좌의 다리를 만들고, 황금 비단으로 휘장이 되고, 여러 보배로 그물이 되고, 가장 좋은 하늘 옷을 깔았는데 대광왕이 그 위에 가부좌하고 앉았습니다.

이십 팔 종 대 인 지 상　　팔 십 수 호　　이 이 엄 신
二十八種大人之相과 **八十隨好**로 **而以嚴身**하사

여 진 금 산　　　광 색 치 성　　　여 정 공 일　　　위 광 혁
如眞金山하야 **光色熾盛**하며 **如淨空日**하야 **威光赫**

혁　　　여 성 만 월　　　견 자 청 량　　　여 범 천 왕　　처
奕하며 **如盛滿月**하야 **見者淸涼**하며 **如梵天王**이 **處**

어 범 중
於梵衆하며

28종의 대인이 가진 거룩한 모습과 80가지 잘생긴 모습으로 몸을 장엄하였으니 진금산과 같이 빛이 치성하고, 맑은 허공에 뜬 해와 같이 광채가 찬란하며 보름달과 같아서 보는 이마다 시원해하고, 범천왕이 범천의 무리 가운데 있는 것 같았습니다.

28종의 대인이 가진 거룩한 모습이란 32상에서 28종만을 열거한 것이다. 청량스님의 초抄에 28종의 대인이 가진 거룩한 모습에 대해 말씀하신 것이 있다. "소疏에서 28종의 모습이 원만하지 못함을 인한 것이라는 것은 경전이나 논에서 아직 보지 못하였는데 응당 무견정상無見頂相과 미간백호

眉間白毫와 범음梵音과 광장설상廣長舌相이 빠졌을 것이다. 선생경善生經 등으로 비교해 보면 가장 수승하기 때문이다."[1] 라고 하였다.

삼십이상三十二相이란 부처님 몸에 갖춘 32표상標相을 말한다. 삼십이대인상三十二大人相・삼십이대장부상三十二大丈夫相이라고도 한다. 이 상을 갖춘 이는 세속에 있으면 전륜왕이 되고, 출가하면 부처님이 된다고 하였다.

1. 발바닥이 판판함. 2. 손바닥에 수레바퀴 같은 금(무늬)이 있음. 3. 손가락이 가늘면서 긺. 4. 손발이 매우 보드라움. 5. 손가락・발가락 사이마다 얇은 비단결 같은 막膜이 있음. 6. 발꿈치가 원만함. 7. 발등이 높고 원만함. 8. 장딴지가 사슴 다리 같음. 9. 팔을 펴면 손이 무릎까지 내려감. 10. 남근男根이 오므라들어 몸 안에 숨어 있는 것이 말의 것과 같음. 11. 키가 한 발(두 팔을 편 길이)의 크기와 같음. 12. 털구멍마다 새까만 털이 남. 13. 몸의 털이 위로 쏠려 남. 14. 온몸 빛이 황금색임. 15. 몸에서 솟는 광명이 한

---

1) 【二十八相, 因未滿】者 : 未見經論. 應闕無見頂及眉間白毫, 梵音廣長舌. 以善生等經校量最勝故.

길이 됨. 16. 살결이 보드랍고 매끄러움. 17. 두 발바닥·두 손바닥·두 어깨·정수리가 모두 판판하고 둥글며 두터움. 18. 두 겨드랑이가 편편함. 19. 몸매가 사자와 같음. 20. 몸이 곧고 단정함. 21. 양 어깨가 둥글며 두둑함. 22. 이가 40개나 됨. 23. 이가 희고 가지런하고 빽빽함. 24. 송곳니가 희고 큼. 25. 뺨이 사자 것과 같음. 26. 목구멍에서 맛 좋은 진액이 나옴. 27. 혀가 길고 넓음. 28. 목소리가 맑고 멀리 들림. 29. 눈동자가 검푸름. 30. 속눈썹이 소의 것과 같음. 31. 두 눈썹 사이에 흰 털이 남. 32. 정수리에 살상투가 있음 등이다.

대광왕 선지식이 이와 같은 32상 중에 28가지를 갖추었다는 것은 부처님의 상호에 가깝다는 뜻이다.

또 80가지 잘생긴 모습이란 팔십수형호八十隨形好 또는 팔십종호八十種好라고 한다. 부처님의 몸에 갖추어진 미묘한 표지로서 32상相에 따르는 잘생긴 모양이란 뜻이다. 32상을 다시 세밀하게 나누어 놓은 것이다. 경전마다 그 내용이 조금씩 다르다.『대반야경』에 의하면,

1. 손톱이 좁고 길고 얇고 광택이 있는 것. 2. 손가락 발가락이 둥글고 길고 보드랍고 마디가 나타나지 않는 것. 3. 손과 발이 가지런하여 차별이 별로 없는 것. 4. 손과 발이 원만하고 부드럽고 깨끗하고 광택이 있는 것. 5. 힘줄과 핏대가 얽히고 단단하고 깊이 있어서 나타나지 않는 것. 6. 복사뼈가 겉으로 나타나지 않는 것. 7. 걸음걸이가 반듯하고 차분하고 조용하여 코끼리와 같은 것. 8. 걸음 걷는 것이 엄숙하여 사자와 같은 것. 9. 걸음걸이가 편안하고 조용하여 지나치지도 않고 못 미치지도 않아서 소의 걸음과 같은 것. 10. 걸음을 걸어 나아가고 그침이 정당하여 거위와 같은 것.

11. 몸을 놀려 돌아볼 때 반드시 오른쪽으로 돌리는 것이 코끼리 같은 것. 12. 팔다리가 차례차례로 통통하고 원만하여 묘하게 생긴 것. 13. 뼈마디가 서로 연락되어 틈이 없어 용이 서리고 있는 듯한 것. 14. 무릎이 묘하고 잘생겨 견고하며 원만한 것. 15. 남근은 무늬가 묘하고 위세가 구족하여 원만하고 청정한 것. 16. 몸과 팔다리가 윤택하고 부드럽고 때가 묻지 않은 것. 17. 몸매가 돈독하고 엄숙하

여 언제나 겁에 질려 있지 않은 것. 18. 몸과 팔다리가 견고하고 탄탄하여 잘 연결된 것. 19. 몸과 팔다리가 안정되고 정중하여 흔들리지 않고 원만하여 이지러지지 않은 것. 20. 몸매가 선왕仙王과 같아서 단정하고 깨끗하여 티가 없는 것.

21. 몸에 광명이 있어 환하게 비치는 것. 22. 배가 네모지고 반듯하여 이지러지지 않고 부드럽고 드러나지 않으며 여러 가지 모양이 장엄스러운 것. 23. 배꼽이 깊고 오른쪽으로 돌았으며 둥글고 묘하고 깨끗하여 광택이 있는 것. 24. 배꼽이 두텁고 오목하거나 두드러지지 않고 동그랗고 묘한 것. 25. 살갗에 버짐이 없고 기미 · 검은 점 · 혹 · 사마귀가 없는 것. 26. 손바닥이 충실하고 보드랍고 발바닥이 평평한 것. 27. 손금이 깊고 곧고 분명하여 끊어지지 않은 것. 28. 입술이 붉고 윤택하고 빛나는 것이 빈바의 열매와 같은 것. 29. 얼굴이 길지도 짧지도 크지도 작지도 않으며 원만하고 단정한 것. 30. 혀가 연하고 얇고 넓고 길며 구리빛 같은 것.

31. 목소리가 깊고 웅장하고 위엄이 있게 떨치는 것이

사자의 울부짖음과 같이 명랑하고 맑은 것. 32. 음성의 여운이 아름답고 묘하고 구족한 것이 그윽한 골짜기 같은 것. 33. 코가 높고 곧으며 콧구멍이 드러나지 않은 것. 34. 이가 반듯하고 깨끗하고 흰 것. 35. 송곳니가 둥글고 희고 깨끗하고 점차로 날카로운 것. 36. 눈이 맑고 깨끗하고 검은자위와 흰자위가 분명한 것. 37. 눈이 넓고 길어 푸른 청련화 같아서 매우 사랑스러운 것. 38. 속눈썹이 위아래가 가지런하고 빽빽하며 희지 않은 것. 39. 눈썹이 길고 촘촘하고 가는 것. 40. 눈썹이 아름답게 쓸리어 검붉은 수정빛 같은 것.

41. 눈썹이 훤칠하고 빛나고 윤택하여 초생달 같은 것. 42. 귀가 두껍고 크고 길고 귓불이 길게 늘어진 것. 43. 두 귀가 아름답고 가지런하여 아무 흠이 없는 것. 44. 용모를 보는 이마다 사랑하고 공경하는 마음을 내게 하는 것. 45. 이마가 넓고 원만하고 번듯하여 아름답고 훌륭한 것. 46. 몸의 위통이 원만하여 사자와 같이 위엄이 있는 것. 47. 머리카락이 길고 검푸르고 촘촘한 것. 48. 머리카락이 향기롭고 깨끗하고 보드랍고 윤택하여 오른쪽으로 꼬부라진 것.

49. 머리카락이 가지런하여 헝클어지지 않은 것. 50. 머리카락이 단단하여 부스러지지 않는 것.

51. 머리카락이 매끄럽고 때가 끼지 않는 것. 52. 몸매가 견고한 것이 나라연보다도 수승한 것. 53. 키가 크고 몸이 단정한 것. 54. 여러 구멍이 깨끗하고 훌륭한 것. 55. 몸과 팔다리가 수승하여 견줄 이가 없는 것. 56. 몸매가 여러 사람이 보기 좋아하여 싫어하지 않는 것. 57. 얼굴이 넓고 원만하기가 보름달 같아서 깨끗하고 맑은 것. 58. 얼굴빛이 화평하여 웃음을 머금은 것. 59. 낯빛이 빛나고 화려하여 찡그리거나 푸르거나 붉지 않은 것. 60. 살갗이 깨끗하고 때가 없고 냄새가 나지 않는 것.

61. 털구멍에서 아름다운 향기가 풍기는 것. 62. 입에서 훌륭한 향기가 나는 것. 63. 목이 둥글고 아름다운 것. 64. 몸의 솜털이 검푸르고 빛나고 깨끗하기가 공작의 목덜미와 같은 것. 65. 법문 말하는 소리가 듣는 사람의 많고 적음을 따라 알맞은 것. 66. 정수리는 볼 수 없는 것. 67. 손가락·발가락의 사이에 그물 같은 엷은 막이 분명하여 묘하게 장엄한 것. 68. 다닐 때에 발이 땅에서 네 치쯤 뜨며 발자국

마다 무늬가 나타나는 것. 69. 신통력으로 스스로 자신을 지키고 다른 이의 부축을 받지 않는 것. 70. 위덕이 널리 떨치어 나쁜 마음이 있는 중생은 두려워하고 무서움에 떠는 중생은 편안함을 얻는 것.

71. 말소리가 중생들의 마음을 따라 화평하고 기쁘게 하는 것. 72. 여러 중생들의 말로써 그들이 좋아하는 대로 법문을 연설하는 것. 73. 한 말소리로 법을 말씀하시되 여러 중생들이 제각기 알아듣는 것. 74. 법을 말하심에 차례가 있고 반드시 인연이 있으며 말에 조금도 실수가 없는 것. 75. 중생들을 평등하게 보아 착한 일은 칭찬하고 잘못된 것은 나무라지만 치우쳐 사랑하거나 미워함이 없는 것. 76. 온갖 일을 먼저 관찰하고 뒤에 실행하여 모범이 되어 잘하고 깨끗함을 알게 하는 것. 77. 상호가 구족하여 여러 사람의 우러러봄이 끝이 없는 것. 78. 정수리의 뼈대가 굳고 원만한 것. 79. 얼굴이 항상 젊고 늙지 않으며 늘 한결같은 것. 80. 손발과 가슴 앞에 길상스럽고 환희한 덕상을 구족하여 그 무늬가 비단 같고 빛은 주홍빛 같은 것 등이다.

역여대해 　　공덕법보　　무유변제　　역여
亦如大海하야 功德法寶가 無有邊際하며 亦如

설산　　　상호수림　　이위엄식
雪山하야 相好樹林으로 以爲嚴飾하며

또 큰 바다와 같아서 공덕의 법 보배가 한정이 없고 또한 설산과 같아서 잘생긴 모습으로 숲으로 꾸미었으며,

역여대운　　능진법뇌　　계오군품　　역여
亦如大雲하야 能震法雷하야 啓悟群品하며 亦如

허공　　현현종종법문성상　　여수미산　　사
虛空하야 顯現種種法門星象하며 如須彌山하야 四

색보현중생심해　　역여보주　　종종지보　충
色普現衆生心海하며 亦如寶洲하야 種種智寶가 充

만기중
滿其中하니라

또 큰 구름과 같이 능히 법의 우레를 진동시켜 여러 무리를 깨우치고, 또한 허공과 같이 갖가지 법문의 별들을 나타내며, 수미산처럼 네 가지 빛이 중생의 마음

바다에 비치고, 또 보배 섬처럼 여러 가지 지혜 보배가 그 가운데 가득하였습니다.

대광왕 선지식이 28종의 대인이 가진 거룩한 모습과 80가지 잘생긴 모습으로 몸을 장엄한 것이 마치 진금산과 같고, 맑은 허공에 뜬 해와 같고, 보름달과 같고, 범천왕과 같고, 큰 바다와 같고, 설산과 같고, 큰 바다와 같고, 허공과 같고, 수미산과 같고, 보배 섬과 같다고 하였다. 얼마나 근사한 모습이면 이와 같이 표현하였을까.

(4) 대광왕의 보시행

於王座前에 **有金銀瑠璃**와 **摩尼眞珠**와 **珊瑚琥珀**과 **珂貝璧玉**과 **諸珍寶聚**와 **衣服瓔珞**과 **及諸飮食**이 **無量無邊**하야 **種種充滿**하며

왕이 앉은 평상 앞에는 금과 은과 유리와 마니와 진

주와 산호와 호박과 가패珂貝와 벽옥구슬 등의 보배 무더기와 의복과 영락과 그리고 모든 음식이 한량없고 그지없이 가지가지 가득히 쌓여 있었습니다.

復見無量百千萬億上妙寶車와 百千萬億諸
_{부견무량백천만억상묘보거} _{백천만억제}

天妓樂과 百千萬億天諸妙香과 百千萬億病緣
_{천기악} _{백천만억천제묘향} _{백천만억병연}

湯藥資生之具인 如是一切가 悉皆珍好하며 無量
_{탕약자생지구} _{여시일체} _{실개진호} _{무량}

乳牛가 蹄角金色이며 無量千億端正女人이 上妙
_{유우} _{제각금색} _{무량천억단정여인} _{상묘}

栴檀으로 以塗其體하고
_{전단} _{이도기체}

또 한량없는 백천만억 훌륭한 보배 수레와, 백천만억 온갖 하늘의 풍류와, 백천만억 하늘의 모든 묘한 향과, 백천만억 병病에 필요한 탕약과 살림 사는 도구들인 이와 같은 모든 것이 다 훌륭하며, 한량없는 젖소는 발굽과 뿔이 금빛이요, 한량없는 천억의 단정한 여인들은

기묘한 전단향을 그 몸에 발랐습니다.

天衣瓔珞으로 種種莊嚴하야 六十四能을 靡不
該練하고 世情禮則을 悉皆善解하야 隨衆生心하야
而以給施호대 城邑聚落四衢道側에 悉置一切資
生之具어든 一一道傍에 皆有二十億菩薩이 以此
諸物로 給施衆生하니

하늘 옷과 영락으로 갖가지 장엄을 하였으며, 64종의 기능을 모르는 것이 없고, 세상의 인정과 예법을 다 잘 알아서 중생들의 마음을 따라 보시하여 주는데, 성중이나 마을이나 길거리에는 일체 생활필수품을 쌓아 두고 낱낱 길가에 모두 이십억 보살이 있어서 이런 모든 물건으로 중생들에게 보시하였습니다.

대광왕 선지식은 복덕과 지혜를 원만히 구족하여 갖추지 않은 것이 없다. 재산은 물론이려니와 사전에도 나타나 있지 않지만 64종의 기능까지 갖추고 있어서 소위 오늘날의 재능 보시까지 한다. 또 온갖 생활도구를 도시나 길거리에 산처럼 쌓아 두고는 모든 길가에 20억이나 되는 보살이 있어 이러한 물건으로써 중생들에게 보시하게 했다.

범어사 어산교魚山橋에서 옛길로 50m쯤 들어가면 비석 5개가 있다. 그중 가운데 비석이 조엄(趙曮, 1719~1777) 공을 기린 비석으로 이름이 '순상국조공엄혁거사폐영세불망단巡相國趙公嚴革祛寺弊永世不忘壇이다. 옛날 1719년 무렵 범어사 낙안낭백樂安郎白 스님의 환생還生 이야기가 담긴 비석이다.

낭백스님은 동래 기찰 지역에서 산을 개간하고 밭을 일군 뒤 오이와 수박과 감자를 심어 지나가는 사람과 굶주린 사람들에게 나누어 주고, 밤에는 짚신을 삼아 나그네에게 나누어 주고, 다음 세상에 순상국巡相國으로 돌아와서 억불정책이 빚은 범어사의 온갖 폐단弊端을 고쳐 주었다는 이야기가 전한다. 아마도 화엄경의 보시 이야기와 연관이 있을 것이다.

爲欲普攝衆生故며 爲令衆生歡喜故며 爲令
衆生踊躍故며 爲令衆生心淨故며 爲令衆生清
涼故며 爲滅衆生煩惱故며 爲令衆生으로 知一切
義理故며

중생들을 두루 거두어 주기 위함이며, 중생들을 기쁘게 하기 위함이며, 중생들을 뛰놀게 하기 위함이며, 중생들의 마음을 깨끗하게 하기 위함이며, 중생들을 청량하게 하기 위함이며, 중생들의 번뇌를 없애기 위함이며, 중생들로 하여금 모든 이치를 알게 하기 위함이며,

爲令衆生으로 入一切智道故며 爲令衆生으로
捨寃敵心故며 爲令衆生으로 離身語惡故며 爲令

衆生으로 拔諸邪見故며 爲令衆生으로 淨諸業道
故러라

중생들로 하여금 일체 지혜의 길에 들어가게 하기 위함이며, 중생들로 하여금 대적하는 마음을 버리게 하기 위함이며, 중생들로 하여금 몸과 말과 뜻으로 짓는 나쁜 짓을 여의게 하기 위함이며, 중생들로 하여금 모든 삿된 소견을 뽑기 위함이며, 중생들로 하여금 모든 업을 청정하게 하기 위한 연고입니다.

그와 같이 보시한 까닭을 여러 가지로 밝혔다. 중생들을 두루 거두어 주기 위하여, 중생들을 기쁘게 하기 위하여, 중생들을 뛰놀게 하기 위하여, 중생들의 마음을 깨끗하게 하기 위하여 이와 같이 보시한 것이다.

(5) 대광왕에게 보살의 행을 묻다

時_에 善財童子_가 五體投地_{하야} 頂禮其足_{하며} 恭敬右繞_{하야} 經無量帀_{하고} 合掌而住_{하야} 白言_{호대} 聖者_여 我已先發阿耨多羅三藐三菩提心_{호니} 而未知菩薩_이 云何學菩薩行_{이며} 云何修菩薩道_{리잇고} 我聞聖者_는 善能誘誨_{라하니} 願爲我說_{하소서}

이때에 선재동자가 오체를 땅에 엎드려 그의 발에 절하고 공경하여 오른쪽으로 한량없이 돌고 합장하고 서서 말하였습니다. "거룩하신 이여, 저는 이미 아뇩다라삼먁삼보리심을 내었습니다. 그러나 보살이 어떻게 보살의 행을 배우며 어떻게 보살의 도를 닦는지를 알지 못합니다. 제가 들으니 거룩하신 이께서 잘 가르치신다 하오니, 바라옵건대 저를 위하여 말씀하여 주십시오."

선재동자는 대광왕 선지식의 그와 같은 복덕과 지혜로

온갖 의보와 정보를 알고, 다시 온갖 것으로 무수한 보살들을 동원하여 보시하는 사실을 알았다. 그리고 보리심을 발한 사람으로서 어떻게 하면 보살의 행을 배우며 보살의 도를 닦는지를 물었다.

2) 대광왕이 법을 설하다

(1) 보살의 대자대비의 행을 닦다

時_에 王_이 告言_{하사대} 善男子_야 我淨修菩薩大慈幢行_{하며} 我滿足菩薩大慈幢行_{호라} 善男子_야 我於無量百千萬億_{으로} 乃至不可說不可說佛所_에 問難此法_{하야} 思惟觀察_{하며} 修習莊嚴_{호라}

이때에 대광왕이 말하였습니다. "선남자여, 나는 보살의 크게 인자한 당기幢旗의 행을 닦으며, 보살의 크게 인자한 당기의 행을 만족하였습니다. 선남자여, 나는 한량없는 백천만억으로 내지 말할 수 없이 말할 수 없는 부처님의 처소에서 이 법을 묻고 생각하고 관찰하고 닦아서 장엄하였습니다."

대광왕 선지식이 얻은 법은 큰 자비의 깃대행이다. 다시 말하면 대자대비의 깃대를 세우고 대자대비의 깃발을 휘날리며 일체 중생을 다 건진다는 것이다. 이 선지식은 스스로 "한량없는 백천만억으로 내지 말할 수 없이 말할 수 없는 부처님의 처소에서 이 법을 묻고 생각하고 관찰하고 닦아서 장엄하였다."라고 하였다. 보살이 대자대비 외에 달리 무슨 법으로 세상을 건지고 교화하겠는가. 보살의 그 많고 많은 실천행도 하나로 요약하면 대자대비행이다.

善男子야 我以此法으로 爲王하며 以此法으로 敎敕하며 以此法으로 攝受하며 以此法으로 隨逐世間하며

이 차 법   인 도 중 생
以此法으로 **引導衆生**하며

"선남자여, 나는 이 법으로써 왕이 되고, 이 법으로써 가르치고, 이 법으로써 거두어 주고, 이 법으로써 세상을 따라가고, 이 법으로써 중생들을 인도합니다."

대광왕 선지식은 대자대비의 법으로 왕이 되었고, 대자대비의 법으로 백성들을 가르치고, 대자대비의 법으로 백성들을 섭수하고, 대자대비의 법으로 세상을 따르고, 대자대비의 법으로 중생들을 인도한다. 인도를 최초로 통일한 아소카왕은 처음에는 무력으로 수많은 나라를 정복하였으나 나중에는 전쟁의 비참함을 깊이 느껴 불교를 융성하게 하고 비폭력을 진흥하고 윤리에 의한 통치를 실현하고자 하였다. 즉 자비로써 나라를 다스리고 백성을 교화하고자 하였다.

이 차 법   영 중 생 수 행   이 차 법   영 중 생
以此法으로 **令衆生修行**하며 **以此法**으로 **令衆生**

趣入하며 以此法으로 與衆生方便하며 以此法으로 令
衆生熏習하며 以此法으로 令衆生起行하며

"이 법으로써 중생들로 하여금 수행하게 하고, 이 법으로써 중생들로 하여금 나아가게 하고, 이 법으로써 중생들에게 방편을 주고, 이 법으로써 중생들로 하여금 훈습하게 하고, 이 법으로써 중생들로 하여금 행을 일으키게 합니다."

대광왕 선지식은 또 대자대비의 법으로 중생들로 하여금 수행하게 하고, 대자대비의 법으로 중생들에게 방편을 주고, 중생들로 하여금 훈습하게 하였다. 우리가 사는 오늘날의 이 시대에도 이와 같은 대통령은 나올 수 없는가.

以此法으로 令衆生安住思惟諸法自性하며 以

此法으로 令衆生安住慈心하야 以慈爲主하야 具足
慈力하야 如是令住利益心과 安樂心과 哀愍心과
攝受心과 守護衆生不捨離心과 拔衆生苦無休
息心하며

 이 법으로써 중생들로 하여금 모든 법의 자성에 머물러서 생각하게 하고, 이 법으로써 중생들로 하여금 인자한 마음에 머물러서 인자함으로 근본을 삼아 인자한 힘을 갖추게 하며, 이와 같이 이익되게 하는 마음과 안락한 마음과 불쌍히 여기는 마음과 거두어 주는 마음과 중생을 수호하여 버리지 않는 마음과 중생들의 괴로움을 뽑기에 휴식함이 없는 마음에 머물게 합니다."

 대광왕 선지식은 대자대비의 법으로 중생들로 하여금 대자대비의 마음에 머물러서 대자대비로 근본을 삼아 대자대비의 힘을 갖추게 한다. 그래서 이익되게 하는 마음과 안락한 마음과 불쌍히 여기는 마음과 거두어 주는 마음과 중생을 수호하여 버리지 않는 마음 등에 머물게 한다.

我以此法_{으로} 令一切衆生_{으로} 畢竟快樂_{하야} 恒自悅豫_{하며} 身無諸苦_{하고} 心得淸涼_{하며} 斷生死愛_{하고} 樂正法樂_{하며} 滌煩惱垢_{하고} 破惡業障_{하며}

"나는 이 법으로써 중생들로 하여금 끝까지 쾌락하고 항상 스스로 기쁘며, 몸에는 모든 괴로움이 없고, 마음은 청량하며, 생사의 애착을 끊고, 바른 법의 낙을 즐거워하며, 번뇌의 더러움을 씻고, 나쁜 업의 장애를 깨뜨립니다."

대자대비의 법은 실로 위대하다. 설사 일체 지혜를 갖추더라도 대자대비의 실천이 없으면 열매를 맺지 못하는 꽃과 같다. 중생들로 하여금 끝까지 쾌락하고 항상 스스로 기쁘며, 몸에는 모든 괴로움이 없고, 마음은 청량하며, 생사의 애착을 끊는 등의 일은 모두 불법의 열매이다.

　　절 생 사 류　　　입 진 법 해　　　단 제 유 취　　　구 일
　絶生死流하고 **入眞法海**하며 **斷諸有趣**하고 **求一**

체 지　　　정 제 심 해　　　생 불 괴 신　　　선 남 자　 아
切智하며 **淨諸心海**하야 **生不壞信**케호라 **善男子**야 **我**

이 주 차 대 자 당 행　　　능 이 정 법　　　교 화 세 간
已住此大慈幢行하야 **能以正法**으로 **敎化世間**호라

"생사의 흐름을 끊고, 진정한 법의 바다에 들어가며, 모든 중생의 길을 끊고, 일체 지혜를 구하며, 모든 마음 바다를 깨끗이 하여, 무너지지 않는 신심을 내게 합니다. 선남자여, 나는 이미 이 크게 인자한 당기의 행에 머물러서 능히 바른 법으로 세간을 교화합니다."

대자대비의 법은 불법의 아름다운 열매로서 생사의 흐름을 끊고 진정한 법의 바다에 들어가는 길이다.

(2) 보시를 행하다

善男子_야 我國土中一切衆生_이 皆於我所_에 無有恐怖_{케호라}

"선남자여, 나의 국토에 있는 일체 중생은 모두 나의 처소에서 두려워함이 없습니다."

善男子_야 若有衆生_이 貧窮困乏_{하야} 來至我所_{하야} 而有求索_{이면} 我開庫藏_{하야} 恣其所取_{하고} 而語之言_{호대}

"선남자여, 만약 어떤 중생이 빈궁하고 궁핍하여 나에게 와서 구걸하면 나는 창고의 문을 열어 놓고 마음대로 가져가게 하며 이렇게 말합니다."

莫造諸惡하며 莫害衆生하며 莫起諸見하며 莫生
執着하라 汝等貧乏이 若有所須인댄 當來我所와 及
四衢道하야 一切諸物의 種種具足을 隨意而取호대
勿生疑難이어다호라

"'모든 악을 짓지 말고, 중생을 해치지 말며, 여러 가지 소견을 일으키지 말고, 집착을 내지 말라. 그대들이 가난하여 만약 필요한 것이 있거든 마땅히 나에게 오거나 네거리에 가면, 일체 모든 물건이 갖가지 구비되어 있으니 마음대로 가져가고 조금도 의심하거나 어려워하지 말라.'라고 합니다."

부디 나쁜 짓만 하지 마라. 무엇이든 필요로 하는 것은 다 주겠다. 나에게 오든지 아니면 저 길거리에 가면 모든 것이 구비되어 있으니 마음대로 가져가라. 조금도 의심하거나 어려워하지 마라. 수많은 불법 가운데 보시하고, 나눠 주고,

베풀고, 배려하고, 남의 사정을 알아 주는 일보다 더 훌륭한 일은 없다.

(3) 근기를 따라 두루 섭수하다

善男子야 此妙光城所住衆生이 皆是菩薩에 發大乘意로대 隨心所欲하야 所見不同하니

"선남자여, 이 묘광성에 있는 중생은 모두 보살들로서 대승의 뜻을 내었으며, 마음의 하고자 하는 것을 따라서 보는 것이 같지 아니합니다."

或見此城이 其量狹小하며 或見此城이 其量廣大하며

"혹 어떤 이는 이 성을 좁다고 보고, 혹 어떤 이는 이 성을 넓다고 봅니다."

혹견토사　이위기지　　혹견중보　이이장
或見土砂로 **以爲其地**하며 **或見衆寶**로 **而以莊**

엄
嚴하며

"혹은 흙과 자갈로 땅이 된 줄로 보기도 하고, 혹은 여러 가지 보배로 장엄한 줄로 보기도 합니다."

화엄경의 서두에 "이와 같은 사실을 제가 들었습니다. 어느 날 부처님께서 마갈제국 아란야 법 보리도량에 계실 때 비로소 정각을 이루시니, 그 땅은 견고하여 다이아몬드로 이루어져 있었습니다."라고 하였다. 화엄경의 가르침은 처음부터 세상을 바꾸고자 하는 것이 아니라 세상을 보는 자신의 관점을 바꿈으로 세상이 달라진다고 하는 주장이다. 이것이 화엄경을 푸는 열쇠이다. 근기를 따라 두루 섭수하는 대광왕 선지식의 가르침도 역시 그와 같음을 밝혔다.

혹견취토　이위원장　　혹견보장　주잡위
或見聚土로 **以爲垣牆**하며 **或見寶牆**이 **周帀圍**

요
繞하며

"혹은 흙을 모아 담을 쌓은 줄로 보기도 하고, 혹은 보배로 쌓은 담이 둘리었다고 보기도 합니다."

혹견기지   다제와석   고하불평   혹견
或見其地에 多諸瓦石하야 高下不平하며 或見

무량대마니보   간착장엄   평탄여장
無量大摩尼寶로 間錯莊嚴하야 平坦如掌하며

"혹은 그 땅에 돌과 자갈이 많아서 땅이 울퉁불퉁하다고 보기도 하고, 혹은 한량없는 큰 마니보배로 사이사이를 장엄하여 손바닥처럼 평탄하다고 보기도 합니다."

혹견옥택   토목소성   혹견전당   급제누
或見屋宅이 土木所成하며 或見殿堂과 及諸樓

각   계지창달   헌함호유   여시일체   무비묘
閣과 階墀牕闥과 軒檻戶牖의 如是一切가 無非妙

三十九. 입법계품入法界品 7

보
寶하나니

"혹은 집들이 흙과 나무로 지어졌다고 보기도 하고, 혹은 궁전과 누각과 층계와 창호와 난간과 문 등 이와 같은 모든 것이 보배로 되었다고 보기도 합니다."

선남자 약유중생 기심청정 증종선근
善男子야 **若有衆生**이 **其心淸淨**하야 **曾種善根**

공양제불 발심취향일체지도 이일체
하야 **供養諸佛**하며 **發心趣向一切智道**하야 **以一切**

지 위구경처 급아석시수보살행 증소섭
智로 **爲究竟處**하며 **及我昔時修菩薩行**에 **曾所攝**

수 즉견차성 중보엄정 여개견예
受면 **則見此城**의 **衆寶嚴淨**이어니와 **餘皆見穢**니라

"선남자여, 만약 중생이 그 마음이 청정하고 일찍이 착한 뿌리를 심었으며, 모든 부처님께 공양하여 일체 지혜의 길로 나아갈 마음을 내어서 일체 지혜로써 구경究竟의 곳을 삼거나, 그리고 내가 과거에 보살행을 닦을 적에 일찍이 거두어 주었던 사람이라면 곧 이 성城이 여

러 가지 보배로 장엄하였다고 보지마는 다른 이들은 더러운 줄로 봅니다."

인생과 세상을 긍정적으로 보고 낙천적으로 보는 사람은 우리가 사는 이 세상을 그렇게 나쁜 곳으로만 보지는 않는다. 평소에 선근을 많이 심고 다른 사람의 이익과 행복에 보탬이 되도록 하는 이타심이 많은 사람들은 대광왕 선지식이 머무는 이 성城이 모두 아름다운 보배로 청정하게 장엄되어 있음을 본다. 작은 돌멩이 하나든 풀 한 포기든 내가 바꿀 수 있는 것은 어디에도 없다. 내가 바뀔 때 세상 모든 것이 바뀔 뿐이다.

(4) 삼매로써 섭수하다

善男子야 此國土中一切衆生이 五濁世時에 樂作諸惡일새 我心哀愍하야 而欲救護하야 入於菩薩

선남자야 차국토중일체중생이 오탁세시에 낙작제악일새 아심애민하야 이욕구호하야 입어보살

대 자 위 수 수 순 세 간 삼 매 지 문
大慈爲首隨順世間三昧之門호니

 "선남자여, 이 국토에 있는 일체 중생이 다섯 가지 흐린 세상에서 온갖 나쁜 짓을 많이 지었으므로, 내가 가엾이 여기는 마음으로 구호하여 보살들의 크게 자비한 마음이 으뜸이 되어 세간을 수순해 주는 삼매에 들어가게 합니다."

 다섯 가지 흐린 세상이란 오탁악세五濁惡世이다. 오탁五濁 또는 오재五滓·오혼五渾이라 한다. 나쁜 세상에 대한 5종의 더러움이다. ① 겁탁劫濁은 사람의 수명이 차례로 감하여 30·20·10세로 됨에 따라, 각기 기근饑饉·질병疾病·전쟁戰爭이 일어나 시대가 흐려짐을 따라 입는 재액이다. ② 견탁見濁은 말법末法시대에 이르러 사견邪見·사법邪法이 다투어 일어나 부정한 사상의 탁함이 넘쳐흐르는 것을 말한다. ③ 번뇌탁煩惱濁은 또는 혹탁惑濁이라 하는데 사람의 마음이 번뇌에 가득하여 흐려지는 것을 말한다. ④ 중생탁衆生濁은 또는 유정탁有情濁이라 하는데 사람이 악한 행위만을 행하여 인륜 도덕을 돌아보지 않고 나쁜 결과를 두려워 하지 않는 것을 말한다. ⑤ 명탁命濁은 또는 수탁壽濁이라 하는데 인간의 수명이 차례로 단축되는 것을 말한다.

설사 이와 같은 온갖 나쁜 짓을 많이 짓는 세상이라 하더라도 대광왕 선지식은 가엾이 여기는 마음으로 그들을 구호하여 보살들의 크게 자비한 마음이 으뜸이 되어 세간을 수순해 주는 삼매에 들어가 그들을 다 제도한다. 실로 오늘날은 크게 자비한 마음이 으뜸이 되어 세간을 수순해 주는 삼매가 가장 필요한 때이다.

입 차 삼 매 시   피 제 중 생   소 유 포 외 심   뇌 해
入此三昧時에 **彼諸衆生**의 **所有怖畏心**과 **惱害**

심   원 적 심   쟁 론 심   여 시 제 심   실 자 소 멸
心과 **寃敵心**과 **諍論心**인 **如是諸心**이 **悉自消滅**하니

"이 삼매에 들어갈 때에는 저 모든 중생이 가졌던 무서워하는 마음과 해롭게 하는 마음과 원수로 생각하는 마음과 다투는 마음 등 이와 같은 모든 마음이 모두 저절로 소멸됩니다."

크게 자비한 마음이 으뜸이 되어 세간을 수순해 주는 삼매에 들어가면 중생들이 가졌던 무서워하는 마음과 해롭게 하는 마음과 원수로 생각하는 마음과 다투는 마음들이 모두 소멸한다.

何以故ᄒᆞ이고오 入於菩薩大慈爲首順世三昧입어보살대자위수순세삼매에 法법
如是故여시고니라 善男子선남자야 且待須臾차대수유하라 自當現見자당현견하리라

"왜냐하면 보살들의 크게 자비한 마음이 으뜸이 되어 세간을 수순하는 삼매에 들어가면 법이 으레 그렇게 되기 때문입니다. 선남자여, 잠깐만 기다리면 스스로 마땅히 보게 될 것입니다."

(5) 대광왕이 삼매에 들다

時시에 大光王대광왕이 卽入此定즉입차정하신대 其城內外기성내외가 六種육종

震動하야 諸寶地寶牆과 寶堂寶殿과 臺觀樓閣과 階砌戶牖의 如是一切가 咸出妙音하야 悉向於王하야 曲躬敬禮하며

이때에 대광왕이 곧바로 이 삼매에 들어가니 그 성의 안팎이 여섯 가지로 진동하며 모든 보배 땅과 보배 담과 보배 강당과 보배 궁전과 누각과 섬돌과 창호 등이와 같은 모든 것에서 미묘한 음성을 내며 왕을 향하여 몸을 굽혀서 경례하였습니다.

여섯 가지로 진동한다는 육종진동六種震動이란 세간에 상서가 있을 때에 대지大地가 진동하는 모양의 6종이다. 구역 화엄경에 있는 말로는 ① 동動은 흔들려서 불안한 것이며, ② 기起는 아래로부터 위로 올라가는 것이며, ③ 용涌은 솟아오르고 꺼져 내려가고 하여 6방으로 출몰出沒하는 것이며, ④ 진震은 은은히 소리가 나는 것이며, ⑤ 후吼는 꽝하고 소리를 내는 것이며, ⑥ 각覺은 물건을 깨닫게 하는 것이다. 전

3은 모양이 변하는 것이고, 후 3은 소리가 변하는 것이다. 대반야경大般若經에서는 동動·용涌·진震·격擊·후吼·폭爆이란 이름을 쓴다. 대품반야경大品般若經·중음경中陰經 등에서는 동용서몰東涌西沒·서용동몰·남용북몰·북용남몰·변용중몰邊涌中沒·중용변몰中涌邊沒이라고도 하였다.

     묘광성내　소유거인　미부동시　환희용약
妙光城內의 **所有居人**이 **靡不同時**에 **歡喜踊躍**

     구향왕소　거신투지
하야 **俱向王所**하야 **擧身投地**하며

묘광성 내에 사는 사람들이 모두 한꺼번에 환희하여 뛰놀면서 함께 왕이 있는 데를 향하여 온몸으로 땅에 엎드렸습니다.

     촌영성읍　일체인중　함래견왕　환희경
村營城邑의 **一切人衆**이 **咸來見王**하고 **歡喜敬**

禮하며 近王所住鳥獸之屬이 互相瞻視하야 起慈悲心하고 咸向王前하야 恭敬禮拜하며

마을이나 영문[營]이나 도시에 사는 모든 사람들이 다 와서 왕을 보고 환희하여 예배하며, 왕의 처소에 가까이 있던 새와 짐승들도 서로 쳐다보고 자비한 마음을 내어 왕을 향하여 공경하고 예배하였습니다.

一切山原과 及諸草樹가 莫不迴轉하야 向王敬禮하며 陂池泉井과 及以河海가 悉皆騰溢하야 流注王前하니라

모든 산과 들과 모든 초목은 두루 돌면서 왕을 향하여 예경하고, 못과 물과 샘과 강과 바다는 모두 넘치며 솟아서 왕의 앞으로 흘러갔습니다.

대광왕 선지식이 보살의 크게 자비한 마음이 으뜸이 되어 세간을 수순해 주는 삼매[菩薩大慈爲首順世三昧]에 들어가니 위와 같은 기이하고도 신기한 일이 나타났다. 크게 자비한 마음으로 세간을 수순한다는 것은 이와 같이 존귀하고 기이하고 신기한 일이다. 모든 사람과 동물과 조류와 심지어 산천초목까지 감동하여 그 마음을 한껏 표현하였다.

(6) 모든 천왕이 공양을 올리다

십천용왕   기대향운   격전진뢰   주미
十千龍王이 **起大香雲**하야 **激電震雷**하야 **注微**
세우
細雨하며

십천十千의 용왕은 큰 향기 구름을 일으켜서 번개 치고 뇌성을 울리면서 보슬비를 내리었습니다.

유십천천왕   소위도리천왕   야마천왕
有十千天王하니 **所謂忉利天王**과 **夜摩天王**과

兜率陀天王과 善變化天王과 他化自在天王인 如

是等이 而爲上首하야 於虛空中에 作衆妓樂하며

십천의 천왕이 있으니 이른바 도리천왕과 야마천왕과 도솔타천왕과 선변화천왕과 타화자재천왕 등 이와 같은 이들이 상수가 되어 허공에서 여러 가지 풍악을 연주하였습니다.

無數天女가 歌詠讚歎하야 雨無數華雲과 無數

香雲과 無數寶鬘雲과 無數寶衣雲과 無數寶蓋雲

과 無數寶幢雲과 無數寶幡雲하야 於虛空中에 而

爲莊嚴하야 供養其王하며

무수한 천녀들은 노래하고 찬탄하면서 수없는 꽃 구름과, 수없는 향 구름과, 수없는 보배 화만 구름과, 수

없는 보배 옷 구름과, 수없는 보배 일산 구름과, 수없는 보배 당기 구름과, 수없는 보배 번기 구름을 비처럼 내리어 허공을 장엄하여 대왕에게 공양하였습니다.

보살의 크게 자비한 마음이 으뜸이 되어 세간을 수순하는 일은 세상을 이와 같이 아름답고 화려하게 만든다. 실로 무엇이 있어서 세상을 이처럼 아름답게 할 수 있겠는가. 금은보화로 세상을 아름답게 하지는 못할 것이다. 오직 보살의 큰 자비만이 가능한 일이다.

伊羅婆拏大象王이 以自在力으로 於虛空中에 敷布無數大寶蓮華하야 垂無數寶瓔珞과 無數寶繒帶와 無數寶鬘과 無數寶嚴具와 無數寶華와 無數寶香하야 種種奇妙로 以爲嚴飾하며 無數婇女가 種

종 가 찬
種歌讚하며

 이라바나 큰 코끼리는 자재한 힘으로 허공중에서 무수한 큰 보배 연꽃을 펴 놓으며, 무수한 보배 영락과 무수한 보배 비단 띠와 무수한 보배 화만과 무수한 보배 장엄거리와 무수한 보배 꽃과 무수한 보배 향 등 가지가지 기묘한 것을 드리워 훌륭하게 장엄하고, 무수한 채녀들은 가지가지로 노래하고 찬탄하였습니다.

 이라바나라는 큰 코끼리도 보살의 큰 자비에 감동하여 자신이 가진 온갖 장엄을 드리워 표현하였고, 무수한 채녀들도 온갖 노래로 찬탄하였다.

염부제 내　부유무량백천만억제나찰왕　제
閻浮提內에 **復有無量百千萬億諸羅刹王**과 **諸**

야차왕　구반다왕　비사사왕　혹주대해　혹
夜叉王과 **鳩槃茶王**이 **毘舍闍王**이 **或住大海**하며 **或**

居陸地하야 飮血噉肉하야 殘害衆生이라가 皆起慈心
하야 願行利益하며

염부제 안에 또 한량없는 백천만억 모든 나찰왕과 야차왕과 구반다왕과 비사사왕이 있는데 혹 큰 바다에 있기도 하고 혹 육지에 살기도 하면서 피를 마시고 살을 먹어 중생을 해치던 것들이 자비심을 일으키고 이익된 일을 행하기를 원하였습니다.

明識後世하야 不造諸惡하며 恭敬合掌하야 頂禮
於王하니 如閻浮提하야 餘三天下와 乃至三千大
千世界와 乃至十方百千萬億那由他世界中에
所有一切毒惡衆生도 悉亦如是라

뒷세상을 분명히 알고, 모든 나쁜 업을 짓지 아니하

며, 공경하고 합장하여 왕에게 예배하였습니다. 염부제와 같이 다른 세 천하와 내지 삼천대천세계와 시방의 백천만억 나유타 세계에 있는 모든 악독한 중생들도 다 또한 그러하였습니다.

보살의 큰 자비는 심지어 백천만억이나 되는 모든 나찰이나 야차나 구반다나 비사사 같은 악독한 귀신들까지 감동시켜서 그들로 하여금 악한 행동을 멈추고 자비심을 일으켜서 이익된 일 행하기를 발원하게 하였다. 이와 같은 놀라운 일이 이곳 남南염부제에서만 일어나는 것이 아니라 동東불바제와 서西구야니주와 북北구로주까지 모든 천하와 내지 삼천대천세계와 시방의 백천만억 나유타 세계에 있는 모든 악독한 중생들에게까지 다 또한 그와 같은 감동을 주었다. 보살의 이와 같은 크게 자비한 마음이 으뜸이 되어 세간을 수순해 주는 일은 세상을 바꾼다. 오직 자비로써 세간을 수순하는 일뿐이다.

이와 같은 자비의 실천으로 세상을 감동시키는 일은 단순히 경전 안에서만 이야기되고 있는 것이 아니다. 오늘날

21세기에도 대만의 자제공덕회 증엄證嚴스님은 "천하에 내가 사랑하지 않는 사람이 없기를, 천하에 내가 믿지 않는 사람이 없기를, 천하에 내가 용서하지 않는 사람이 없기를, 마음의 번뇌와 원망, 근심을 버리고 만인을 사랑하는 마음이 허공 가득 다함이 없기를"이라는 기치를 내걸고 자비의 실천으로 전 세계를 흠뻑 적시고 있다. 실로 얼마나 많은 사람들을 감동시켰는가. 우리나라의 스님과 목사와 신부가 그곳에 가서 취재를 하다가 눈물을 흘린 일이 텔레비전에 방영되기도 했다. 자비의 힘은 이와 같다.

3) 자기는 겸손하고 다른 이의 수승함을 추천하다

時_에 大光王_이 從三昧起_{하사} 告善財言_{하사대} 善男子_야 我唯知此菩薩大慈爲首隨順世間三昧門_{이어니와}

이때에 대광왕이 삼매에서 일어나 선재동자에게 말하였습니다. "선남자여, 나는 다만 이 보살의 크게 자비함이 으뜸이 되어 세간을 수순하는 삼매문을 알 뿐입니다."

如諸菩薩摩訶薩은 爲高蓋니 慈心普蔭諸衆生故며 爲修行이니 下中上行을 悉等行故며 爲大地니 能以慈心으로 任持一切諸衆生故며

"모든 보살마하살은 높은 일산(日傘)이 되나니 자비한 마음으로 모든 중생을 두루 그늘지어 덮어 주는 연고며, 행을 닦음이 되나니 하품과 중품과 상품의 행을 평등하게 행하는 연고며, 큰 땅덩이가 되나니 능히 자비한 마음으로 일체 모든 중생을 맡아 지니는 연고며,

爲滿月이니 福德光明을 於世間中에 平等現故며

爲淨日이니 以智光明으로 照耀一切所知境故며

爲明燈이니 能破一切衆生心中諸黑闇故며

보름달이 되나니 복덕의 광명이 세간에 평등하게 나타나는 연고며, 청정한 해가 되나니 지혜의 빛으로 모든 알아야 할 경계를 비추는 연고며, 밝은 등불이 되나니 일체 중생의 마음속 모든 어두움을 깨뜨리는 연고며,

爲水淸珠니 能淸一切衆生心中諸諂濁故며 爲如意寶니 悉能滿足一切衆生의 心所願故며 爲大風이니 速令衆生으로 修習三昧하야 入一切智大城

중 고
中故니라

 물을 맑히는 구슬이 되나니 일체 중생의 마음 가운데 속이고 아첨하는 혼탁함을 맑히는 연고며, 여의주가 되나니 일체 중생의 소원을 다 만족하게 하는 연고며, 큰 바람이 되나니 중생들로 하여금 빨리 삼매를 닦아서 일체 지혜의 큰 성중城中에 들어가게 하는 연고입니다."

 대광왕 선지식이 자기는 겸손하고 다른 이의 수승함을 추천하는 내용 중에 보살마하살의 모습을 비유를 들어 밝혔다. 모든 보살마하살은 높은 일산日傘이 되고, 행을 닦음[修行]이 되고, 큰 땅덩이가 되고, 보름달이 되고, 청정한 해가 되고, 밝은 등불이 되고, 물을 맑히는 구슬이 되고, 여의주가 되고, 큰 바람이 된다고 하였다. 그렇다. 보살은 세상에서 이와 같은 역할을 하는 사람이다.

이 아 운 하 능 지 기 행　　능 설 기 덕　　능 칭 량
而我云何能知其行이며 **能說其德**이며 **能稱量**

<small>피복덕대산</small> <small>능첨앙피공덕중성</small> <small>능관찰</small>
彼福德大山이며 **能瞻仰彼功德衆星**이며 **能觀察**

<small>피대원풍륜</small> <small>능취입피심심법문</small> <small>능현시</small>
彼大願風輪이며 **能趣入彼甚深法門**이며 **能顯示**

<small>피장엄대해</small> <small>능천명피보현행문</small> <small>능개시피</small>
彼莊嚴大海며 **能闡明彼普賢行門**이며 **能開示彼**

<small>제삼매굴</small> <small>능찬탄피대자비운</small>
諸三昧窟이며 **能讚歎彼大慈悲雲**이리오

그러나 제가 어떻게 그 행을 알며, 그 덕을 말하며, 그 복덕의 큰 산을 능히 측량하며, 그 공덕의 뭇 별들을 우러르며, 그 큰 서원의 바람둘레를 관찰하며, 그 깊고 깊은 법문에 능히 들어가며, 그 장엄한 큰 바다를 능히 보이며, 그 보현의 행하는 문을 능히 밝히며, 그 모든 삼매의 굴을 능히 열어 보이며, 그 대자대비의 구름을 능히 찬탄하겠습니까."

4) 다음 선지식 찾기를 권유하다

善男子야 於此南方에 有一王都하니 名曰安住요
有優婆夷하니 名曰不動이니 汝詣彼問호대 菩薩이
云何學菩薩行이며 修菩薩道리잇고하라 時에 善財童
子가 頂禮王足하며 繞無數市하며 殷勤瞻仰하고 辭
退而去하니라

"선남자여, 여기서 남쪽에 한 왕도가 있으니 이름이 안주安住이며, 거기에 우바이가 있으니 이름이 부동不動입니다. 그대는 그에게 가서 '보살이 어떻게 보살의 행을 배우며 보살의 도를 닦습니까?'라고 물으십시오." 그때에 선재동자는 왕의 발에 엎드려 절하고 수없이 돌고 은근하게 앙모하면서 하직하고 물러갔습니다.

문수지남도 제20, 선재동자가 부동우바이를 친견하다.

20. 부동우바이 不動優婆夷
제9 선법행善法行 선지식

1) 부동우바이를 뵙고 법을 묻다

(1) 앞에서 들은 법문을 생각하다

이시 선재동자 출묘광성 유행도로
爾時에 **善財童子**가 **出妙光城**하야 **遊行道路**할새

정념사유대광왕교 억념보살대자당행문
正念思惟大光王教하며 **憶念菩薩大慈幢行門**하며

사유보살수순세간삼매광명문
思惟菩薩隨順世間三昧光明門하며

그때에 선재동자가 묘광성에서 나와 길을 걸어가면서 바른 생각으로 대광왕의 가르침을 생각하고, 보살의 크게 자비한 당기幢旗의 수행하는 문을 기억하며, 보살의 세간을 수순하는 삼매의 광명문을 생각하였습니다.

대광왕 선지식의 가르침은 보살의 큰 자비와 그 자비로 보살이 세간을 수순한다는 것으로 요약할 수 있다. 이 두 가지는 불교의 핵심이며 보살행의 근간이다. 선재동자는 다음의 선지식인 부동우바이를 친견하기 전에 이 두 가지를 생각하여 아래와 같은 이익을 얻었다고 하였다.

增長彼不思議願福德自在力하며 堅固彼不思議成熟衆生智하며 觀察彼不思議不共受用大威德하며 憶念彼不思議差別相하며 思惟彼不思議淸淨眷屬하며 思惟彼不思議所作業하고

그 부사의한 서원과 복덕의 자유자재한 힘을 증장시키며, 그 부사의한 중생을 성숙시키는 지혜를 견고히 하며, 그 부사의한 함께 수용하지 않는 큰 위덕을 관찰하며, 그 부사의한 차별한 모양을 기억하며, 그 부사의한 청정한 권속을 생각하며, 그 부사의한 지은 바의 업

을 생각하였습니다.

 모두가 한결같이 부사의하다고 하였다. 보살이 큰 자비로 세상을 수순하는 일은 이와 같이 헤아릴 수 없이 부사의한 것이다.

生歡喜心하며 生淨信心하며 生猛利心하며 生欣悅心하며 生踊躍心하며 生慶幸心하며 生無濁心하며 生淸淨心하며 生堅固心하며 生廣大心하며 生無盡心하야

 그러고는 환희하는 마음을 내고, 깨끗한 신심을 내고, 맹렬하게 날카로운 마음을 내고, 즐기는 마음을 내고, 뛰노는 마음을 내고, 다행히 여기는 마음을 내고, 흐리지 않은 마음을 내고, 청정한 마음을 내고, 견고한 마음을 내고, 광대한 마음을 내고, 다함이 없는 마음을 내었습니다.

선재동자는 대광왕 선지식에게서 얻은 법을 생각하여 실로 수승한 마음을 내게 되었으니 환희하는 마음과 깨끗한 신심과 맹렬하게 날카로운 마음과 기쁘고 즐거운 마음 등 열한 가지 마음이다.

여시사유   비읍유루   염선지식   실위
如是思惟하고 **悲泣流淚**하야 **念善知識**이 **實爲**

희유   출생일체제공덕처   출생일체제보살
希有니 **出生一切諸功德處**며 **出生一切諸菩薩**

행   출생일체보살정념   출생일체다라니
行이며 **出生一切菩薩淨念**이며 **出生一切陀羅尼**

륜   출생일체삼매광명   출생일체제불지
輪이며 **出生一切三昧光明**이며 **出生一切諸佛知**

견
見이며

이와 같이 생각하고는 슬퍼하여 눈물을 흘리며 생각하기를, '선지식은 진실로 희유하여 일체 모든 공덕의 처소를 내며, 일체 모든 보살의 행을 내며, 일체 보살의 깨끗한 생각을 내며, 모든 다라니 바퀴를 내며, 모든 삼

매의 광명을 내며, 일체 모든 부처님의 지견을 내며,

보우일체제불법우   현시일체보살원문
普雨一切諸佛法雨며 **顯示一切菩薩願門**이며

출생난사지혜광명   증장일체보살근아
出生難思智慧光明이며 **增長一切菩薩根芽**로라

일체 모든 부처님의 법의 비를 널리 내리며, 모든 보살의 서원한 문을 나타내 보이며, 생각할 수 없는 지혜의 광명을 내며, 모든 보살의 뿌리와 싹을 증장시킨다.'라고 하였습니다.

선재동자는 대광왕 선지식에게서 법을 얻고 그것을 낱낱이 깊이 사유하여 수승한 마음을 내고는 감동하여 눈물을 흘리었다. 그리고 다시 선지식에 대하여 생각하기를, 선지식은 진실로 희유하여 일체 모든 공덕의 처소를 내며, 일체 모든 보살의 행을 내며, 일체 모든 보살의 깨끗한 생각 등을 낸다고 하였다.

금강경에도 수보리가 부처님의 가르침을 듣고는 감동하

여 눈물을 흘리며 슬피 울었다고 하였다. 사람이 세상에 태어나 일생을 살면서 눈물을 흘리며 슬피 우는 일이 많다. 그러나 진리의 가르침을 듣고 감동하여 눈물을 흘리는 경우가 얼마나 있을까 생각해 보아야 할 일이다.

(2) 선지식의 은혜를 생각하다

又作是念_{호대} 善知識者_는 能普救護一切惡道_{하며}
(우작시념) (선지식자) (능보구호일체악도)

能普演說諸平等法_{하며} 能普顯示諸夷險道_{하며}
(능보연설제평등법) (능보현시제이험도)

能普開闡大乘奧義_{하며} 能普勸發普賢諸行_{하며}
(능보개천대승오의) (능보권발보현제행)

能普引到一切智城_{하며} 能普令入法界大海_{하며}
(능보인도일체지성) (능보영입법계대해)

能普令見三世法海_{하며} 能普授與衆聖道場_{하며}
(능보영견삼세법해) (능보수여중성도량)

能普增長一切白法_{이라하니라}
(능보증장일체백법)

또 생각하기를 '선지식이란 일체 악도에서 널리 구

호하며, 모든 평등한 법을 널리 연설하며, 모든 평탄하고 험난한 길을 널리 보이며, 대승의 깊은 이치를 널리 열며, 보현의 모든 행을 널리 권하며, 일체 지혜의 성에 널리 인도하여 이르게 하며, 법계의 큰 바다에 두루 들어가게 하며, 세 세상 법의 바다를 널리 보게 하며, 여러 성인의 도량을 널리 주며, 일체 흰 법을 널리 증장케 한다.'라고 하였습니다.

선재동자가 선지식의 역할에 대해서 다시 정리하여 생각하였다. 선지식이란 일체 악도에서 널리 구호하며, 모든 평등한 법을 널리 연설하며, 모든 평탄하고 험난한 길을 널리 보이는 등이다.

(3) 여래의 사천使天이 허공에서 말하다

善財童子가 如是悲哀思念之時에 彼常隨逐 覺悟菩薩如來使天이 於虛空中에 而告之言호대
(선재동자)(여시비애사념지시)(피상수축)(각오보살여래사천)(어허공중)(이고지언호대)

선재동자가 이와 같이 슬퍼하며 생각할 때에 항상 따라다니며 보살을 깨우쳐 주는 여래의 심부름하는 천신[使天]이 공중에서 말하였습니다.

善男子_야 其有修行善知識敎_면 諸佛世尊_이 悉皆歡喜_{하시며} 其有隨順善知識語_면 則得近於一切智地_{하며} 其有能於善知識語_에 無疑惑者_면 則常値遇一切善友_{하며} 其有發心_{하야} 願常不離善知識者_면 則得具足一切義利_니 善男子_야 汝可往詣安住王都_{하면} 卽當得見不動優婆夷大善知識_{하리라}

"선남자여, 선지식이 가르치는 대로 수행하면 모든 부처님 세존이 모두 환희하며, 선지식의 말을 수순하면 곧 일체 지혜의 지위에 가까워지며, 선지식의 말에 의혹이 없으면 곧 모든 선지식을 항상 만날 것이며, 마음을 내어 항상 선지식을 떠나지 않기를 발원하면 곧 모든 이치를 구족하게 될 것입니다. 선남자여, 그대가 왕의 도읍에 나아가서 잘 머물면 곧 마땅히 부동우바이 큰 선지식을 친견하게 될 것입니다."

여래의 심부름하는 천신[使天]이 공중에 나타나서 말하였다. 사천使天에 대해서 진본晉本 화엄경에는 여래사천如來使天과 수보살천隨菩薩天이라고 하였다. 당본唐本 화엄경에는 보살을 깨우쳐 주는[覺悟菩薩] 여래의 심부름하는 하늘[如來使天]이라고 하였다. 아무튼 이 천신은 불법에서 큰 역할을 하는 보살이므로 선재동자에게 "선지식이 가르치는 대로 수행하면 모든 부처님 세존이 모두 환희하며, 선지식의 말을 수순하면 곧 일체 지혜의 지위에 가까워지며, 선지식의 말에 의혹이 없으면 곧 모든 선지식을 항상 만날 것" 등을 일러 주었다.

(4) 부동우바이 집의 광명 공덕

時_에 善財童子_가 從彼三昧智光明起_{하야} 漸次
遊行_{하야} 至安住城_{하야} 周徧推求_{하야} 不動優婆夷
가 今在何所_{오한대} 無量人衆_이 咸告之言_{호대}

이때에 선재동자가 그 삼매의 지혜 광명에서 일어나서 점점 가다가 안주성에 이르러 두루 찾아서 "부동우바이가 지금 어디에 있습니까?"라고 하니 한량없는 사람들이 다 같이 대답하였습니다.

善男子_야 不動優婆夷_는 身是童女_로 在其家內
_{하야} 父母守護_{하야} 與自親屬無量人衆_{으로} 演說妙
法_{이니이다} 善財童子_가 聞是語已_에 其心歡喜_{호미} 如

견부모　　즉예부동우바이사
見父母하야 **卽詣不動優婆夷舍**하니라

"선남자여, 부동우바이는 몸이 동녀로서 집에 있어서 부모의 보호를 받으면서 한량없는 그의 친족들에게 묘한 법을 연설하고 있습니다." 선재동자가 이 말을 듣고 기쁘기가 부모를 본 듯하여 곧 부동우바이의 집으로 나아갔습니다.

선재동자가 안주성에 이르러 부동우바이를 찾으니 많은 사람들이 그 우바이에 대해서 일러 주었다. 선재동자는 그 말을 듣고는 오랜만에 부모를 만난 듯이 환희하여 곧 우바이의 집으로 나아갔다.

입기택내　　견피당우　　금색광명　　보개조
入其宅內하야 **見彼堂宇**의 **金色光明**이 **普皆照**

요　　우사광자　　신의청량　　선재동자　　광명
耀하야 **遇斯光者**가 **身意淸涼**하고 **善財童子**가 **光明**

촉신   즉시획득오백삼매문
觸身에 **卽時獲得五百三昧門**하니

그 집에 들어가서 그 당우들을 보니 금빛 광명이 두루 비치는데, 이 광명을 받는 이는 몸과 뜻이 청량해졌습니다. 선재동자는 광명이 몸에 비치자마자 곧 오백 가지 삼매의 문을 얻었습니다.

부동우바이가 사는 당우들을 보니 금빛 광명이 두루 비치었다. 그 광명이 몸에 비치자마자 몸과 마음이 청량해지고 오백 가지 삼매문을 얻었다. 참다운 선지식의 영향력은 이와 같다.

소위요일체희유상삼매문   입적정삼매문
所謂了一切希有相三昧門과 **入寂靜三昧門**과

원리일체세간삼매문   보안사득삼매문   여
遠離一切世間三昧門과 **普眼捨得三昧門**과 **如**

래장삼매문   등여시등오백삼매문   이차
來藏三昧門이라 **得如是等五百三昧門**하야 **以此**

삼매문고   신심유연   여칠일태   우문묘향
三昧門故로 **身心柔軟**이 **如七日胎**하며 **又聞妙香**이

비제천룡건달바등인여비인지소능유
非諸天龍乾闥婆等人與非人之所能有하니라

　이른바 일체 희유한 모양을 아는 삼매의 문과, 고요한 데에 들어가는 삼매의 문과, 모든 세간을 멀리 여의는 삼매의 문과, 넓은 눈으로 모두 버리는 삼매의 문과, 여래장 삼매의 문 등 이와 같은 오백 가지 삼매의 문을 얻었습니다. 이러한 삼매의 문으로 몸과 마음이 부드럽기가 7일 된 태胎와 같아졌으며, 또 묘한 향기를 맡으니 모든 천신과 용과 건달바 등 사람과 사람 아닌 이에게 있는 향이 아니었습니다.

　선재동자가 일체 희유한 모양을 아는 삼매의 문과 고요한 데에 들어가는 삼매의 문 등 오백 가지의 삼매를 얻으니 몸과 마음이 부드럽기가 7일 된 태胎와 같아졌다.

(5) 부동우바이의 용모

善財童子가 前詣其所하야 恭敬合掌하고 一心
觀察하야 見其形色에 端正殊妙하야 十方世界一
切女人도 無有能及이어든 況其過者아 唯除如來와
及以一切灌頂菩薩이며

선재동자가 그의 처소에 나아가 공경하며 합장하고 한결같은 마음으로 살펴보았습니다. 그 용모는 단정하고 특별하게 기묘하여 시방세계의 모든 여인들로는 미칠 수 없거든 하물며 그보다 더 나을 이가 있겠습니까. 다만 여래와 일체 정수리에 물을 부은 보살은 제외할 것입니다.

口出妙香과 宮殿莊嚴과 幷其眷屬이 悉無與等
이어든 況復過者아 十方世界一切衆生이 無有於此

優婆夷所^{우바이소}에 起染着心^{기염착심}하고 若得暫見^{약득잠견}이면 所有煩惱^{소유번뇌}가 悉自消滅^{실자소멸}호미

입에서 미묘한 향기가 나는 일과 궁전의 장엄과 그 권속들도 그와 같을 이가 없거든 하물며 그보다 나을 이가 있겠습니까. 시방세계의 모든 중생이 이 우바이에게 물들고 집착하는 마음을 일으키는 이가 없으며, 만약 잠깐 보기만 하여도 모든 번뇌가 다 저절로 소멸되었습니다.

부동우바이의 수승한 용모를 바라보기만 하여도 모든 번뇌가 저절로 소멸된다. 그 용모가 얼마나 수승하였으면 그와 같겠는가. 그래서 후세의 수행자들은 "나의 이름만 들어도 삼악도의 고통을 면하고 나의 모습만 보아도 해탈을 얻어지이다."[2]라고 서원하는 것이다.

---

2) 聞我名者免三途 見我形者得解脫. (나옹화상 발원문)

비여백만대범천왕   결정불생욕계번뇌
譬如百萬大梵天王이 **決定不生欲界煩惱**인달하야

기유견차우바이자   소유번뇌   응지역연
其有見此優婆夷者도 **所有煩惱**가 **應知亦然**하야

시방중생   관차여인   개무염족   유제구족
十方衆生이 **觀此女人**에 **皆無厭足**이요 **唯除具足**

대지혜자
大智慧者라

 비유하면 마치 백만의 대범천왕은 결정코 욕심세계의 번뇌가 생기지 않듯이 이 우바이를 보는 이도 번뇌가 응당 그와 같은 줄 알며, 시방 중생들이 이 여인을 보고는 싫은 생각이 없나니 다만 큰 지혜를 구족한 이는 제외될 것입니다.

 모든 사람들이 이 우바이의 모습을 보고 번뇌가 사라질 정도로 감동을 하지만 큰 지혜를 갖춘 사람은 어떤 경계에도 동요함이 없으므로 그와 같은 경우에 해당되지 않는다.

 방거사龐居士의 게송에,

 "다만 스스로 만물에 마음이 없다면

만물이 항상 둘러싼들 무슨 방해가 될 것인가.
쇠로 된 소는 사자후를 두려워하지 않듯 하고
흡사 나무로 된 사람이 꽃과 새를 보듯 하네.
나무로 된 사람은 본래 몸 자체가 정이 없어서
꽃과 새가 나무 사람을 만나도 놀라지 않는다.
마음이 경계에 여여如如하면 다만 이러할 뿐인데
깨달음 이루지 못한 것을 무엇 때문에 염려하겠는가."[3]
라고 하였다.

이 게송은 참선하는 사찰의 선당 주련에 가장 많이 걸려 있는 글이다.

(6) 선재동자가 환희하여 게송으로 찬탄하다

이 시   선 재 동 자   곡 궁 합 장   정 념 관 찰
爾時에 **善財童子**가 **曲躬合掌**하고 **正念觀察**하야

견 차 여 인   기 신 자 재   불 가 사 의   색 상 안 용
見此女人의 **其身自在**가 **不可思議**며 **色相顏容**이

---

3) 但自無心於萬物 何妨萬物常圍繞 鐵牛不怕獅子吼 恰似木人見花鳥
木人本體自無情 花鳥逢人亦不驚 心境如如只遮是 何慮菩提道不成.

세무여등　　광명통철　　물무능장　　보위중
世無與等이며 光明洞徹하야 物無能障이며 普爲衆

생　　　이작이익
生하야 而作利益하며

　　이때에 선재동자가 허리를 굽혀 합장하고 바른 생각으로 관찰하였습니다. 이 여인은 몸은 자유자재하여 헤아릴 수 없으며, 빛깔과 용모도 그와 같은 이가 이 세상에 없고, 광명은 사무쳐 비추어 그를 장애할 것이 없어서, 널리 중생들을 위하여 많은 이익을 지었습니다.

기신모공　　항출묘향　　권속무변　　궁전
其身毛孔에 恒出妙香하며 眷屬無邊하고 宮殿

제일　　공덕심광　　막지애제　　심생환희
第一이며 功德深廣하야 莫知涯際하고 心生歡喜하야

이송찬왈
以頌讚曰하니라

　　그 몸의 모공에서는 미묘한 향기가 항상 나오고, 권속들이 그지없고, 궁전이 제일이며, 공덕이 깊고 넓어서 끝닿은 데를 알 수 없으므로 환희한 마음을 내어 게송으로 찬탄하였습니다.

　　수 호 청 정 계　　　　　수 행 광 대 인
　　守護清淨戒하고　　　**修行廣大忍**하사

　　정 진 불 퇴 전　　　　　광 명 조 세 간
　　精進不退轉하야　　　**光明照世間**이로다

청정한 계를 항상 지키고

넓고 큰 인욕을 닦아 행하며

꾸준히 노력하여 물러나지 않으니

광명이 온 세계에 밝게 비치도다.

　선재동자는 부동우바이의 뛰어난 아름다움과 수승한 덕화를 살피고 감동하여 게송을 지어 찬탄하였다. 저와 같은 모습은 첫째 계행이 청정하기 때문일 것이며, 다음으로 인욕을 잘 닦았기 때문일 것이며, 계행 지킴과 인욕 닦음을 끊임없이 정진하여 그 빛이 세상에 밝게 비치게 된 것이라고 찬탄하였다.

(7) 보살의 행을 묻다

爾時_에 善財童子_가 說此頌已_{하고} 白言_{호대} 聖者_여
我已先發阿耨多羅三藐三菩提心_{호니} 而未知菩
薩_이 云何學菩薩行_{이며} 云何修菩薩道_{리잇고} 我聞
聖者_는 善能誘誨_{라하니} 願爲我說_{하소서}

그때에 선재동자가 게송을 설하여 마치고 여쭈었습니다. "거룩하신 이여, 저는 이미 아뇩다라삼먁삼보리심을 내었습니다. 그러나 보살이 어떻게 보살의 행을 배우며 어떻게 보살의 도를 닦는지를 알지 못합니다. 제가 들으니 거룩하신 이께서 잘 가르치신다 하오니 바라옵건대 저를 위하여 말씀하여 주십시오."

2) 부동우바이가 법을 설하다

(1) 자신이 얻은 법을 밝히다

時_에 不動優婆夷_가 以菩薩柔軟語_와 悅意語_로 慰喩善財_{하야} 而告之言_{하사대} 善哉善哉_라 善男子_여 汝已能發阿耨多羅三藐三菩提心_{이로다}

이때에 부동우바이가 보살의 부드러운 말과 뜻에 맞는 말로 선재동자를 위로하여 말하였습니다. "훌륭하고 훌륭하십니다. 선남자여, 그대는 이미 능히 아뇩다라삼먁삼보리심을 내었습니다."

善男子_야 我得菩薩難摧伏智慧藏解脫門_{하며} 我得菩薩堅固受持行門_{하며} 我得菩薩一切法平

등지총지문　아득보살조명일체법변재문
等地總持門하며 **我得菩薩照明一切法辯才門**하며

아득보살구일체법무피염삼매문
我得菩薩求一切法無疲厭三昧門호라

"선남자여, 나는 보살의 꺾을 수 없는 지혜장智慧藏 해탈문을 얻었으며, 나는 보살의 견고하게 받아 지니는 수행의 문을 얻었으며, 나는 보살의 모든 법에 평등한 지위의 모두 지니는 문을 얻었으며, 나는 보살의 모든 법을 밝히는 변재의 문을 얻었으며, 나는 보살의 모든 법을 구하여 고달픔이 없는 삼매의 문을 얻었습니다."

부동우바이가 자신이 얻은 법을 다섯 가지로 밝혔다. 하나하나가 모두 보살로서 자신의 수행을 깊이 쌓고 중생을 교화하는 데 중요한 것으로서 모든 법을 밝히는 변재의 문과 모든 법을 구하여 고달픔이 없는 삼매의 문 등이다.

(2) 선재동자가 법을 묻다

善財童子가 言호대 聖者여 菩薩難摧伏智慧藏解脫門과 乃至求一切法無疲厭三昧門이 境界云何니잇고 童女가 言하사대 善男子야 此處難知니라

선재동자가 말하였습니다. "거룩하신 이여, 보살의 꺾을 수 없는 지혜장 해탈문과 내지 모든 법을 구하여 고달픔이 없는 삼매의 문은 그 경계가 어떠합니까?" 동녀가 대답하였습니다. "선남자여, 그것은 알기 어렵습니다."

善財가 白言호대 唯願聖者는 承佛神力하사 爲我宣說하소서 我當因善知識하야 能信能受하며 能知能了하야 趣入觀察하며 修習隨順하야 離諸分別하야

구 경 평 등
究竟平等호리이다

선재동자가 말하였습니다. "오직 원합니다. 거룩하신 이여, 부처님의 신통한 힘을 받들어 말씀하여 주십시오. 저는 마땅히 선지식을 인하여 능히 믿고, 능히 받아 지니고, 능히 알고, 능히 통달하며, 나아가 들어가서 관찰하고, 닦아 익히며 수순하여, 모든 분별을 떠나서 끝까지 평등하게 하겠습니다."

부동우바이가 자신이 얻은 법을 다섯 가지로 밝히니 선재동자가 그 법 하나하나의 뜻이 어떠한지 알고 싶다고 하였다. 부동우바이는 그것은 알기 어렵다고 하였으나 선재동자는 다시 한 번 알기를 청하였다. 그래서 우바이는 아래에 자신이 법을 얻은 내력을 밝혀 나간다.

(3) 법을 얻은 인연을 밝히다

1〉 지난 세상에서 부처님을 친견하다

優婆夷가 言하사대 善男子야 過去世中에 有劫하니
우바이   언   선남자   과거세중   유겁

名離垢요 佛號는 修臂며 時有國王하니 名曰電授요
명이구   불호   수비   시유국왕   명왈전수

唯有一女하니 即我身이 是라
유유일녀   즉아신   시

우바이가 말하였습니다. "선남자여, 지난 세상에 이구離垢라는 겁이 있었는데 부처님 명호는 수비修臂였고, 전수電授라는 국왕이 있어 오직 한 딸을 두었으니 그가 곧 저의 몸입니다."

我於夜分廢音樂時에 父母兄弟가 悉已眠寢하고
아어야분폐음악시   부모형제   실이면침

五百童女도 亦皆昏寐어늘 我於樓上에 仰觀星宿
오백동녀   역개혼매   아어누상   앙관성수

라가 於虛空中에 見彼如來가 如寶山王하사 無量無
      어허공중   견피여래   여보산왕   무량무

변천룡팔부제보살중　소공위요
邊天龍八部諸菩薩衆의 **所共圍繞**하니라

　"저는 그때 한밤에 음악 소리가 그친 때에 부모와 형제는 모두 잠이 들었고, 오백의 동녀도 또한 자고 있었습니다. 저는 누각에서 별을 보고 있다가 허공에 계시는 그 여래를 뵈었는데 마치 보배산과 같았고, 한량없고 그지없는 천신과 용 등의 팔부八部 신장과 모든 보살이 두루 에워싸고 있었습니다."

　　불신　보방대광명망　　주변시방　　무소장
佛身이 **普放大光明網**하사 **周徧十方**하야 **無所障**
애　　불신모공　개출묘향　　아문시향　신체
礙하며 **佛身毛孔**에 **皆出妙香**하고 **我聞是香**에 **身體**
유연　　심생환희
柔軟하야 **心生歡喜**하니라

　"부처님 몸에서는 큰 광명 그물을 널리 놓아 시방세계에 두루 하여 장애됨이 없었고, 부처님 몸의 모공마다 모두 미묘한 향기가 나는데 저는 그 향기를 맡고 몸이 부드러워지고 마음이 환희하였습니다."

부동우바이가 지난 세상에서 수비修臂라는 부처님을 친견한 내용을 밝혔다. 부처님 몸에서는 큰 광명을 놓고 몸의 모공마다 모두 미묘한 향기가 나는데 그 향기를 맡고 몸이 부드러워지고 마음이 환희하였다는 이야기이다.

2) 속으로 생각을 일으키다

便從樓下_{하야} 至於地上_{하야} 合十指爪_{하고} 頂禮
(변종누하)   (지어지상)   (합십지조)   (정례)

於佛_{하며} 又觀彼佛_의 不見頂相_{하야} 觀身左右_가 莫
(어불)   (우관피불)   (불견정상)   (관신좌우)   (막)

知邊際_{하고} 思惟彼佛_의 諸相隨好_{호대} 無有厭足_{하야}
(지변제)   (사유피불)   (제상수호)   (무유염족)

"곧 누각에서 내려와 땅에 서서 열 손가락을 모아 부처님께 예배하였고, 또 그 부처님을 살펴보았으나 정수리를 볼 수 없었으며, 몸의 좌우를 살펴보았으나 끝닿은 데를 알 수 없었고, 그 부처님의 모든 거룩한 모습과 잘생긴 모양을 생각하였으나 싫지 아니하였습니다."

절자염언   차불세존   작하등업   획어
竊自念言호대 此佛世尊이 作何等業이완대 獲於

여시상묘지신   상호원만   광명구족   권
如是上妙之身하야 相好圓滿하고 光明具足하며 眷

속성취   궁전엄호   복덕지혜   실개청정
屬成就하고 宮殿嚴好하며 福德智慧가 悉皆淸淨하고

총지삼매   불가사의   신통자재   변재무애
總持三昧가 不可思議며 神通自在하고 辯才無礙

인가하니라

"가만히 스스로 생각하기를 '이 부처님 세존께서는 어떠한 업을 지었기에 이와 같은 훌륭한 몸을 얻었으며, 거룩한 모습이 원만하고 광명이 구족하며, 권속을 많이 두고 궁전이 장엄하며, 복덕과 지혜가 모두 청정하고 다라니와 삼매가 부사의하며, 신통이 자재하시고 변재가 걸림이 없는가.'라고 하였습니다."

부처님은 부처님의 업을 닦아서 부처님의 모습을 갖추었고, 보살은 보살의 업을 닦아서 보살의 모습을 갖추었고, 중생은 중생의 업을 닦아서 중생의 모습을 갖추었다. 부동우바이가 지난 세상에 전수電授라는 국왕의 딸로 있을 때 허

공에 나타난 여래를 보고 그 모습에 환희하여 부처님이 닦은 업은 어떠하기에 저러한 모습인가 하고 생각한 내용이다.

3) 부처님이 열 가지 마음 내기를 권하다

善男子야 爾時如來가 知我心念하사 卽告我言하사대 汝應發不可壞心하야 滅諸煩惱하며 應發無能勝心하야 破諸取着하며 應發無退怯心하야 入深法門하며

"선남자여, 그때 여래께서 저의 생각을 아시고 곧 저에게 말씀하시기를, '그대는 응당 깨뜨릴 수 없는 마음을 내어 모든 번뇌를 없애라. 응당 이길 이 없는 마음을 내어 모든 집착을 깨뜨리라. 응당 물러나지 않는 마음을 내어 깊은 법문에 들어가라.

應發能堪耐心하야 救惡衆生하며 應發無迷惑心하야 普於一切諸趣受生하며 應發無厭足心하야 求見諸佛호대 無有休息하며

응당 견디고 참는 마음을 내어 악한 중생을 구호하라. 응당 미혹이 없는 마음을 내어 널리 일체 모든 길에 태어나라. 응당 싫어함이 없는 마음을 내어 모든 부처님을 뵙고자 하되 쉬지 말라.

應發無知足心하야 悉受一切如來法雨하며 應發正思惟心하야 普生一切佛法光明하며 應發大住持心하야 普轉一切諸佛法輪하며 應發廣流通心하야 隨衆生欲하야 施其法寶하라하시니라

응당 만족할 줄 모르는 마음을 내어 모든 여래의 법의 비를 다 받으라. 응당 옳게 생각하는 마음을 내어 모든 부처님 법의 광명을 널리 내라. 응당 크게 머물러 지니는 마음을 내어 일체 모든 부처님의 법륜을 널리 굴리라. 응당 널리 유통하려는 마음을 내어 중생의 욕망을 따라 그 법보를 베풀라.'라고 하시었습니다."

그때에 허공에 나타난 수비修臂라는 여래는 여래의 수승한 모습을 갖추려면 응당히 발해야 하는 열 가지 마음을 들었다. 응당 깨뜨릴 수 없는 마음과 응당 이길 이 없는 마음과 응당 물러나지 않는 마음과 응당 견디고 참는 마음 등이다.

4) 권유를 듣고 열 가지를 구할 마음을 내다

善男子_야 我於彼佛所_에 聞如是法_{하고} 求一切智_{하며} 求佛十力_{하며} 求佛辯才_{하며} 求佛光明_{하며} 求

불색신　　　구불상호　　　구불중회　　　구불국토
佛色身하며 求佛相好하며 求佛衆會하며 求佛國土

　　　구불위의　　　구불수명　　　발시심이　　기심
하며 求佛威儀하며 求佛壽命호라 發是心已에 其心

견고　　　유여금강　　　일체번뇌　　급이이승　　실
堅固호미 猶如金剛하야 一切煩惱와 及以二乘이 悉

불능괴
不能壞러라

"선남자여, 저는 그 부처님 계신 데서 이와 같은 법문을 듣고는 일체 지혜를 구하며, 부처님의 열 가지 힘을 구하며, 부처님의 변재를 구하며, 부처님의 광명을 구하며, 부처님의 육신을 구하며, 부처님의 잘생긴 모습을 구하며, 부처님의 모인 대중을 구하며, 부처님의 국토를 구하며, 부처님의 위의威儀를 구하며, 부처님의 수명을 구하였습니다. 이러한 마음을 내고 나니 그 마음이 견고하기가 마치 금강과 같아서 모든 번뇌와 그리고 이승二乘들로는 깨뜨릴 수 없었습니다."

부동우바이가 지난 세상에서 여래의 가르침을 듣고는 곧 열 가지를 구하는 마음을 내었는데 그 마음이 견고하기가 마치 금강과 같아서 모든 번뇌와 그리고 이승二乘들로는 깨뜨릴 수 없었다. 그 구하는 열 가지란 모두가 일체 부처님들이 지닌 것이다. 곧 반드시 부처님이 되겠다는 열 가지 서원이다.

5) 오랜 겁 동안 한 가지도 위배하지 아니하다

善男子야 我發是心已來로 經閻浮提微塵數劫토록 尙不生於念欲之心이어든 況行其事아

"선남자여, 제가 이 마음을 낸 후부터 염부제의 미진수 겁을 지내면서 오히려 탐욕을 생각하는 마음도 내지 않았는데 하물며 그런 일을 행하겠습니까."

부동우바이는 열 가지를 구하여 반드시 부처님이 되겠다는 서원의 마음을 내고부터는 염부제를 부수어 미세먼지를 만들어 그 수효와 같이 많고 많은 겁을 지나는 동안 한 번도 탐욕을 생각하는 마음을 내지 아니하였다. 하물며 탐욕

하는 일이야 어찌 있을 수 있겠는가.

    이 소 겁 중   어 자 친 속   불 기 진 심   황 타
爾所劫中에 **於自親屬**에도 **不起瞋心**이어든 **況他**
중 생
衆生가

"저러한 겁 동안에 저의 친족에게도 성내는 마음을 일으키지 않았는데 하물며 다른 중생에게 일으켰겠습니까."

계속해서 나오는 '저러한 겁 동안'이란 염부제를 부수어 미세먼지를 만들어 그 수효와 같이 많고 많은 겁을 말한다. 그 오랜 세월 동안 단 한 번도 다른 중생들에게 성내는 마음을 내지 않았다. 이 얼마나 아름다운 마음인가. 참으로 부럽기 그지없는 마음이다.

    이 소 겁 중   어 기 자 신   불 생 아 견   황 어
爾所劫中에 **於其自身**에도 **不生我見**이어든 **況於**

중구   이계아소
衆具에 **而計我所**아

"저러한 겁 동안에 자신의 몸에도 '나'라는 소견을 내지 않았는데 하물며 모든 도구에 '나의 것'이라는 생각을 내었겠습니까."

비록 오온으로 된 몸을 가지고 있으나 그 오랜 세월 동안 '나'라는 소견이나 '나의 것'이라는 생각을 한 번도 낸 적이 없었다.

이소겁중   사시생시   급주태장   미증미
爾所劫中에 **死時生時**와 **及住胎藏**에도 **未曾迷**
혹   기중생상   급무기심   황어여시
惑하야 **起衆生想**과 **及無記心**이어든 **況於餘時**아

"저러한 겁 동안에 죽을 때와 태어날 때와 태胎에 들었을 때에도 일찍이 미혹하여 중생이라는 생각이나 기록이 없는 마음[無記心]을 내지 않았는데 하물며 다른 때이겠습니까."

보통의 중생들은 하룻밤 잠만 자도 어제 일을 잘 잊어버린다. 하물며 생을 마치고 죽을 때와 다시 태어날 때는 거의 모든 것을 다 잊어버린다. 다만 인간으로서의 본능만 남아있을 뿐이다.

爾所劫中에 乃至夢中에 隨見一佛도 未曾忘失이어든 何況菩薩十眼所見이리오

"저러한 겁 동안에 꿈속에서 한 부처님을 따라 친견한 것도 일찍이 잊지 않았는데 어찌 하물며 보살의 열 가지 눈으로 본 것이겠습니까."

爾所劫中에 受持一切如來正法하야 未曾忘失一文一句하며 乃至世俗所有言辭도 尙不忘失이어든

하황여래금구소설
何況如來金口所說가

"저러한 겁 동안에 일체 여래의 바른 법을 받아 지니어 일찍이 한 글자 한 구절도 잊지 않았고, 내지 세속의 말까지도 오히려 잊지 않았는데 어찌 하물며 여래의 입으로 말씀한 것이겠습니까."

참으로 신기하고도 신기한 일이다. 평생 공부한 것을 거의 다 잊어버리고 남은 것은 만분의 일도 되지 않는데 그 오랜 세월 동안에 일찍이 한 글자 한 구절도 잊지 않았다니 얼마나 놀라운 일인가.

이소겁중   수지일체여래법해   일문일구
爾所劫中에 **受持一切如來法海**하야 **一文一句**를

무불사유   무불관찰   내지일체세속지법
無不思惟하며 **無不觀察**하고 **乃至一切世俗之法**도

역부여시
亦復如是하며

"저러한 겁 동안에 일체 여래의 법의 바다를 받아 지니어 한 글자 한 구절도 생각하지 않은 것이 없고 관찰하지 않은 것이 없으며, 내지 모든 세속의 법도 역시 그러하였습니다."

공부의 요체는 사유와 관찰이다. 오랜 세월 동안 한 글자 한 구절이라도 사유하고 관찰해서 그 속에 숨은 뜻을 잘 깨닫는 것이 중요하다. 아무리 훌륭한 가르침이라도 사유하지 않고 관찰하지 않는다면 다이아몬드와 같은 진리를 다 놓치게 될 것이다. 소위 주마간산走馬看山이요, 수박 겉 핥기가 될 것이다.

이소겁중 수지여시일체법해 미증어일
爾所劫中에 受持如是一切法海하야 未曾於一
법중 부득삼매 내지세간기술지법 일일
法中에 不得三昧하고 乃至世間技術之法도 一一
법중 실역여시
法中에 悉亦如是하며

"저러한 겁 동안에 이와 같은 모든 법의 바다를 받아 지니고 일찍이 한 법에서도 삼매를 얻지 못한 것이 없으며, 내지 세간 기술의 법에서도 낱낱이 다 그러하였습니다."

세간법이나 불법이나 어떤 법에서든 낱낱이 삼매를 얻지 못한 것이 없다고 하였다. 사유하고 관찰하는 단계를 넘어서 삼매에까지 이른 공부요 수행이다. 공부할 때 사유하고 관찰하고 삼매까지 이룬다면 성공하지 못할 공부가 없을 것이다.

이소겁중 주지일체여래법륜 수소주지
爾所劫中에 住持一切如來法輪하야 隨所住持

미증폐사일문일구 내지부증생어세지
하야 未曾廢捨一文一句하며 乃至不曾生於世智요

유제위욕조중생고
唯除爲欲調衆生故며

"저러한 겁 동안에 일체 여래의 법륜을 머물러 지녔

으며 지니는 것을 따라 일찍이 한 글자 한 구절도 버린 적이 없으며, 내지 일찍이 세상 지혜를 내지 않았으나 오직 중생을 조복하기 위한 것은 제외될 것입니다."

경전을 공부하거나 번역하거나 강의하거나 출판을 해서 세상에 내어놓을 때에 아무리 그 양이 많고 길더라도 간추리거나 생략하는 것은 깊이 생각해 보아야 할 일이다. 부동우바이 선지식은 오랜 세월 일체 여래의 법륜을 지니되 한 글자 한 구절도 버린 적이 없다고 하였다.

　　　　이소겁중　　견제불해　　미증어일불소　　부
　　　　爾所劫中에 **見諸佛海**하야 **未曾於一佛所**에 **不**
득성취청정대원　　내지어제화불지소　　실역
得成就淸淨大願하고 **乃至於諸化佛之所**에도 **悉亦**
여시
如是하며

"저러한 겁 동안에 모든 부처님 바다를 뵈옵고 일찍이 한 부처님에게서도 청정한 큰 서원을 성취하지 못한 것이 없으며, 내지 모든 화신 부처님에게서도 역시 그러하였습니다."

염부제를 부수어 미세먼지를 만들어 그 수효와 같이 많고 많은 겁을 지나는 동안 바다와 같이 많고 많은 부처님을 친견하되 한 부처님의 그 청정한 큰 서원을 성취하지 못한 것이 없다. 심지어 변화한 부처님이라 하더라도 그 청정한 큰 서원을 모두 다 성취하였다.

爾所劫中에 見諸菩薩修行妙行하고 無有一行도 我不成就하며

"저러한 겁 동안에 모든 보살들이 묘한 행 닦는 것을 보고 한 가지 행行도 제가 성취하지 못한 것이 없었습니다."

오랜 세월 부처님에게서만 청정하고 큰 서원을 성취했을

뿐만 아니라 모든 보살들의 미묘한 보살행도 모두 다 성취하였다.

爾所劫中에 所見衆生을 無一衆生도 我不勸發阿耨多羅三藐三菩提心하고 未曾勸一衆生하야 發於聲聞辟支佛意하며

"저러한 겁 동안에 제가 본 중생들 중에서 한 중생이라도 아뇩다라삼먁삼보리심을 내도록 권하지 않은 적이 없으며, 일찍이 한 중생에게도 성문이나 벽지불의 뜻을 내도록 권한 일이 없었습니다."

보리심은 곧 대승보살불교의 핵심이다. 보리심은 곧 불심佛心이며 이타심이다. 그래서 불자들은 동물을 만나더라도 "발보리심發菩提心하라."고 일러 준다. 그동안 자기만을 생각하고 살았기에 동물이 되었으니 부디 남을 먼저 이롭게

하는 보리심을 내어서 사람으로 태어나라는 가르침이다.

또 보리심을 발하여 불법을 닦되 남을 먼저 생각하는 대승보살불교를 닦을 것이요, 결코 성문이나 독각들의 소승의 뜻을 내도록 권한 일이 없다고 하였다. 불교를 공부하는 모든 사람은 이 말을 깊이 명심할 일이다.

爾所劫中_에 於一切佛法_에 乃至一文一句_도 不生疑惑_{하며} 不生二想_{하며} 不生分別想_{하며} 不生種種想_{하며} 不生執着想_{하며} 不生勝劣想_{하며} 不生愛憎想_{이로다}

"저러한 겁 동안에 모든 부처님의 법에 대하여 한 글자 한 구절에도 의혹을 내지 않고, 두 가지 생각을 내지 않고, 분별하는 생각을 내지 않고, 갖가지 생각을 내지 않고, 집착하는 생각을 내지 않고, 훌륭하다느니 하열하다느니 하는 생각을 내지 않고, 사랑하고 미워하는 생각을 내지 않았습니다."

불법의 가르침은 팔만사천 근기와 수준을 따라 각각 다르다. 각각 다르기 때문에 그 깊은 내용을 모르는 사람은 의혹을 낼 수도 있고, 두 가지 생각을 낼 수도 있고, 분별을 낼 수도 있다. 그러나 그 모든 것은 해당이 되는 근기와 수준들이 있기 때문에 의혹을 품거나 두 가지 생각을 내거나 분별을 낼 것이 아니다. 또한 훌륭하다느니 하열하다느니 하는 생각이나 사랑하고 미워하는 생각을 내지 않아야 한다.

(4) 마음을 발하여 수승한 이익을 얻다

善男子야 我從是來로 常見諸佛하고 常見菩薩하고 常見眞實善知識하야 常聞諸佛願하며 常聞菩薩行하며 常聞菩薩波羅蜜門하며 常聞菩薩地智

광명문
光明門하며

"선남자여, 저는 그때부터 항상 모든 부처님을 보고, 항상 보살을 보고, 항상 진실한 선지식을 보았으며, 항상 모든 부처님의 서원을 듣고, 항상 보살의 행을 듣고, 항상 보살의 바라밀다문을 듣고, 항상 보살의 지위인 지혜의 광명문을 들었습니다."

상문보살무진장문 상문입무변세계망문
常聞菩薩無盡藏門하며 **常聞入無邊世界網門**
상문출생무변중생계인문 상이청정지
하며 **常聞出生無邊衆生界因門**하야 **常以淸淨智**
혜광명 제멸일체중생번뇌
慧光明으로 **除滅一切衆生煩惱**하며

"항상 보살의 무진장문을 듣고, 항상 그지없는 세계 그물 문에 들어감을 듣고, 항상 그지없는 중생계를 내는 원인의 문을 들었으며, 항상 청정한 지혜의 광명으로 모든 중생의 번뇌를 제멸하였습니다."

常以智慧로 生長一切衆生善根하며 常隨一切衆生所樂하야 示現其身하며 常以淸淨上妙言音으로 開悟法界一切衆生호라

"항상 지혜로 모든 중생의 착한 뿌리를 생장하게 하고, 항상 모든 중생의 좋아함을 따라 그 몸을 나타내 보이고, 항상 청정하고 훌륭한 말로 법계의 모든 중생을 깨우치었습니다."

부동우바이는 과거 생의 오랜 세월 동안 수승한 마음을 내고, 다시 수승한 이익을 얻었으며, 나아가서 법계 일체 중생을 깨우쳤음을 밝혔다.

(5) 삼매에 들어 자재한 신통을 나타내 보이다

善男子야 我得菩薩求一切法無厭足莊嚴門하며

아득 일체법 평등지 총지문　　현부사의 자재신
我得一切法平等地總持門하야 **現不思議自在神**

변　　　　여욕견부　선재　언　유　아심원견
變하노니 **汝欲見不**아 **善財**가 **言**호대 **唯**라 **我心願見**
이니이다

　"선남자여, 저는 보살이 온갖 법을 구하여 싫음이 없는 장엄문을 얻었고, 저는 모든 법이 평등한 지위의 다 지니는 문을 얻어서 헤아릴 수 없이 자재한 신통변화를 나타내었습니다. 그대는 보고자 합니까?" 선재동자가 말하였습니다. "예, 저는 마음에 보기를 원합니다."

　　　이시　　부동우바이　좌어 용장 사자지 좌
　　爾時에 **不動優婆夷**가 **坐於龍藏獅子之座**하사

입구 일체법 무염족 장엄 삼매문　　불공윤장엄
入求一切法無厭足莊嚴三昧門과 **不空輪莊嚴**

삼매문　　십력지륜현전삼매문　　불종무진장
三昧門과 **十力智輪現前三昧門**과 **佛種無盡藏**

삼매문
三昧門하사

그때에 부동우바이는 용이 새겨진[龍藏] 사자좌에 앉아서 모든 법을 구하여 싫음이 없는 장엄 삼매문과 공하지 않은 바퀴 장엄 삼매문과 열 가지 힘의 지혜 바퀴가 앞에 나타나는 삼매문과 불종무진장佛種無盡藏 삼매문에 들어갔습니다.

入如是等一萬三昧門하시니 **入此三昧門時**에 十**方各有不可說佛刹微塵數世界**가 **六種震動**호대 **皆悉淸淨瑠璃所成**이라

이와 같은 등 1만 가지 삼매문에 들어가니, 이 삼매문에 들어갈 때에 시방으로 각각 말할 수 없는 부처님 세계의 미진수 세계가 여섯 가지로 진동하며 모두 다 청정한 유리로 이루어졌습니다.

부동우바이가 자신이 얻은 법을 선재동자가 보고자 한다는 말을 듣고 사자좌에 앉아서 네 가지 삼매문에 들어가

니 시방으로 각각 미진수 세계가 여섯 가지로 진동하였다. 이것은 모두 부동우바이의 삼매가 수승함을 나타낸 것이다.

一一世界中ᅦ 有百億四天下百億如來가 或住
兜率天하고 乃至般涅槃하며 一一如來가 放光明網
하사 周徧法界하며 道場衆會가 淸淨圍繞하며 轉妙
法輪하야 開悟群生이러라

낱낱 세계마다 백억 사천하와 백억 여래가 있는데 혹 어떤 이는 도솔천에 계시고, 혹은 열반에 들기도 하며, 낱낱 여래께서 광명 그물을 놓아 법계에 두루 하니 도량에 모인 대중이 청정하게 둘러 있으며, 미묘한 법륜을 굴리어 중생들을 깨우치었습니다.

또한 미진수 세계마다 낱낱이 백억 사천하와 백억 여래가 있는데 혹 어떤 이는 도솔천에 계시고 혹은 열반에 들기도 하는 것을 나타내었다. 또 낱낱 여래가 광명을 놓아 법계에 두루 하기도 하고, 부처님 도량에 모인 대중이 청정하게 둘러 있어 미묘한 법륜을 굴리어 중생들을 깨우치기도 하였다. 부동우바이의 삼매의 수승함은 이와 같았다.

3) 자기는 겸손하고 다른 이의 수승함을 추천하다

時_에 不動優婆夷_가 從三昧起_{하사} 告善財言_{하사대}
善男子_야 汝見此不_아 善財_가 言_{호대} 唯_라 我皆已
見_{이니이다}

이때에 부동우바이가 삼매에서 일어나 선재동자에게 말하였습니다. "선남자여, 그대는 이것을 봅니까?" 선재동자가 말하였습니다. "예, 저는 모두 이미 보았습니다."

우 바 이   언   선 남 자   아 유 득 차 구 일 체
優婆夷가 **言**하사대 **善男子**야 **我唯得此求一切**

법무염족삼매광명   위일체중생   설미묘
法無厭足三昧光明하야 **爲一切衆生**하야 **說微妙**

법   개령환희
法하야 **皆令歡喜**어니와

우바이가 말하였습니다. "선남자여, 나는 다만 이 모든 법을 구하여 싫음이 없는 삼매의 광명을 얻고, 모든 중생을 위하여 미묘한 법을 설하여 다 기쁘게 합니다."

부동우바이는 자기의 삼매의 능력은 그와 같으나 자기의 법은 다만 이것뿐이고 다른 모든 보살들의 법은 아래와 같다고 하며 길게 설한다.

여제보살마하살   여금시조   유행허공   무
如諸菩薩摩訶薩은 **如金翅鳥**가 **遊行虛空**에 **無**

소장애   능입일체중생대해   견유선근 이
所障礙하야 **能入一切衆生大海**하야 **見有善根已**

성숙자　　변즉집취　　치보리안
成熟者하고 便卽執取하야 置菩提岸하며

"그러나 모든 보살마하살은 금시조처럼 허공으로 다니면서 걸림이 없이 모든 중생들의 큰 바다에 들어가서 착한 뿌리가 이미 성숙한 중생을 보고는 곧바로 들어다가 보리의 저 언덕에 둡니다."

우여상객　　입대보주　　채구여래십력지
又如商客하야 入大寶洲하야 採求如來十力智

보
寶하며

"또 장사꾼들처럼 큰 보배의 섬에 들어가서 여래의 열 가지 힘과 지혜의 보배를 구합니다."

우여어사　　지정법망　　입생사해　　어애
又如漁師하야 持正法網하고 入生死海하야 於愛

수중　　녹제중생　　여아수라왕　　능변요동삼
水中에 漉諸衆生하며 如阿修羅王하야 能徧搖動三

유대성 제번뇌해
有大城의 **諸煩惱海**하며

"또 고기 잡는 사람처럼 바른 법의 그물을 가지고 생사의 바다에 들어가서 애욕의 물속에서 모든 중생들을 건져 내되 마치 아수라왕이 세 세계의 큰 성城과 모든 번뇌의 바다를 흔드는 듯합니다."

우여일륜   출현허공   조애수니   영기
又如日輪이 **出現虛空**하야 **照愛水泥**하야 **令其**

건갈
乾竭하며

"또 해가 허공에 출현하듯이 애욕의 진흙을 비추어 말라 버리게 합니다."

우여만월   출현허공   영가화자   심화개
又如滿月이 **出現虛空**하야 **令可化者**로 **心華開**

부
敷하며

"또 보름달이 허공에 출현하듯이 교화받을 사람의 마음 꽃을 피게 합니다."

우여대지 보개평등 무량중생 어중지
又如大地가 **普皆平等**하야 **無量衆生**이 **於中止**
주 증장일체선법근아
住하야 **增長一切善法根芽**하며

"또 땅덩이가 두루 평등하듯이 한량없는 중생이 머물러 있으면서 모든 선한 법의 싹을 증장하게 합니다."

우여대풍 소향무애 능발일체제견대수
又如大風이 **所向無礙**하야 **能拔一切諸見大樹**하며

"또 큰 바람이 향하는 곳에 걸림이 없듯이 일체 모든 나쁜 소견의 나무를 뽑아 버립니다."

여전륜왕 유행세간 이사섭사 섭제중
如轉輪王이 **遊行世間**하야 **以四攝事**로 **攝諸衆**

生하나니 ^이而^아我^운云^하何^능能^지知^능能^설說^피彼^공功^덕德^행行이리오

"또 전륜왕처럼 세간을 다니면서 네 가지 거두어 주는 일로 모든 중생을 거두어 줍니다. 그러나 제가 그러한 공덕의 행을 어떻게 능히 알며 능히 말하겠습니까."

다른 모든 보살들은 금시조와 같으며, 장사꾼과 같으며, 뱃사공과 같으며, 해와 같으며, 보름달과 같으며, 대지와 같으며, 큰 바람과 같다고 하면서 낱낱이 그 까닭을 설명하였다.

4) 다음 선지식 찾기를 권유하다

^{선남자}善男子야 ^{어차남방}於此南方에 ^{유일대성}有一大城하니 ^{명무량도}名無量都^{살라}薩羅요 ^{기중}其中에 ^{유일출가외도}有一出家外道하니 ^{명왈변행}名曰徧行이니 ^여汝

往彼問호대 菩薩이 云何學菩薩行이며 修菩薩道리잇
고하라 時에 善財童子가 頂禮其足하며 繞無量帀하며
殷勤瞻仰하고 辭退而去하니라

"선남자여, 여기서 남쪽에 큰 성이 하나 있으니 이름이 무량도살라無量都薩羅요, 그곳에 출가한 외도가 한 분 있으니 이름이 변행徧行입니다. 그대는 그이에게 가서 '보살이 어떻게 보살의 행을 배우며 보살의 도를 닦습니까?'라고 물으십시오." 그때에 선재동자는 그의 발에 예배하고 한량없이 돌고는 은근하게 앙모하면서 하직하고 떠났습니다.

입법계품 7 끝

〈제66권 끝〉

華嚴經 構成表

分次	周次			內容	品數	會次
舉果勸樂生信分 (信)	所信因果周			如來依正	世主妙嚴品 第一 如來現相品 第二 普賢三昧品 第三 世界成就品 第四 華藏世界品 第五 毘盧遮那品 第六	初會
修因契果生解分 (解)	差別因果周	差別因		十信	如來名號品 第七 四聖諦品 第八 光明覺品 第九 菩薩問明品 第十 淨行品 第十一 賢首品 第十二	二會
				十住	昇須彌山頂品 第十三 須彌頂上偈讚品 第十四 十住品 第十五 梵行品 第十六 初發心功德品 第十七 明法品 第十八	三會
				十行	昇夜摩天宮品 第十九 夜摩天宮偈讚品 第二十 十行品 第二十一 十無盡藏品 第二十二	四會
				十迴向	昇兜率天宮品 第二十三 兜率宮中偈讚品 第二十四 十迴向品 第二十五	五會
				十地	十地品 第二十六	六會
				等覺	十定品 第二十七 十通品 第二十八 十忍品 第二十九 阿僧祇品 第三十 如來壽量品 第三十一 菩薩住處品 第三十二	七會
		差別果		妙覺	佛不思議法品 第三十三 如來十身相海品 第三十四 如來隨好光明功德品 第三十五	
	平等因果周	平等因			普賢行品 第三十六	
		平等果			如來出現品 第三十七	
托法進修成行分 (行)	成行因果周			二千行門	離世間品 第三十八	八會
依人證入成德分 (證)	證入因果周			證果法門	入法界品 第三十九	九會

(資料：文殊經典研究會)

會場	放光別	會主	入定別	說法別舉
菩提場	遮那放齒光眉間光	普賢菩薩為會主	入毘盧藏身三昧	如來依正法
普光明殿	世尊放兩足輪光	文殊菩薩為會主	此會不入定，信未入位故	十信法
忉利天宮	世尊放兩足指光	法慧菩薩為會主	入無量方便三昧	十住法門
夜摩天宮	如來放兩足趺光	功德林菩薩為會主	入菩薩善思惟三昧	十行法門
兜率天宮	如來放兩膝輪光	金剛幢菩薩為會主	入菩薩智光三昧	十迴向法門
他化天宮	如來放眉間毫相光	金剛藏菩薩為會主	入菩薩大智慧光明三昧	十地法門
再會普光明殿	如來放眉間口光	如來為會主	入剎那際三昧	等妙覺法門
三會普光明殿	此會佛不放光，表行依解法依解光故	普賢菩薩為會主	入佛華莊嚴三昧	二千行門
祇陀園林	放眉間白毫光	如來善友為會主	入獅子頻申三昧	果法門

如天 無比

1943년 영덕에서 출생하였다. 1958년 출가하여 덕흥사, 불국사, 범어사를 거쳐 1964년 해인사 강원을 졸업하고 동국역경연수원에서 수학하였다. 10여 년 선원생활을 하고 1976년 탄허스님에게 화엄경을 수학하고 전법, 이후 통도사 강주, 범어사 강주, 은해사 승가대학원장, 대한불교조계종 교육원장, 동국역경원장, 동화사 한문불전승가대학원장 등을 역임하였다. 2018년 5월에는 수행력과 지도력을 갖춘 승랍 40년 이상 되는 스님에게 품서되는 대종사 법계를 받았다.

현재 부산 문수선원 문수경전연구회에서 150여 명의 스님과 300여 명의 재가 신도들에게 화엄경을 강의하고 있다. 또한 다음 카페 '염화실'(http://cafe.daum.net/yumhwasil)을 통해 '모든 사람을 부처님으로 받들어 섬김으로써 이 땅에 평화와 행복을 가져오게 한다.'는 인불사상(人佛思想)을 펼치고 있다.

저서로『무비스님의 왕복서 강설』,『무비스님이 풀어 쓴 김시습의 법성게 선해』,『법화경 법문』,『신금강경 강의』,『직지 강설』(전 2권),『법화경 강의』(전 2권),『신심명 강의』,『임제록 강설』,『대승찬 강설』,『유마경 강설』,『당신은 부처님』,『사람이 부처님이다』,『이것이 간화선이다』,『무비 스님과 함께하는 불교공부』,『무비 스님의 중도가 강의』,『일곱 번의 작별인사』, 무비 스님이 가려 뽑은 명구 100선 시리즈(전 4권) 등이 있고 편찬하고 번역한 책으로『화엄경(한글)』(전 10권),『화엄경(한문)』(전 4권),『금강경 오가해』등이 있다.

대방광불화엄경 강설 제66권

| 초판 1쇄 발행_ 2017년 8월 10일
| 초판 2쇄 발행_ 2019년 7월 17일

| 지은이_ 여천 무비(如天 無比)
| 펴낸이_ 오세룡
| 편집_ 박성화 손미숙 김정은 이연희
| 기획_ 최은영 곽은영
| 디자인_ 고혜정 김효선 장혜정
| 홍보 마케팅_ 이주하
| 펴낸곳_ 담앤북스
　　　　서울특별시 종로구 새문안로3길 23 경희궁의 아침 4단지 805호
　　　　대표전화 02)765-1251 전송 02)764-1251 전자우편 damnbooks@hanmail.net
　　　　출판등록 제300-2011-115호
| ISBN　979-11-6201-006-8　04220

정가 14,000원

ⓒ 무비스님 2017